MUDRA

Chögyam Trungpa

MUDRA

Gesten der Weisheit
Erkenntnisse und Gedichte
eines tibetischen Meisters

WINDPFERD
Verlagsgesellschaft mbH.

Titel der Originalausgabe: *Mudra*

Erstveröffentlichung 1972 bei Shambhala Publications Inc.
Aus dem Amerikanischen übersetzt
von Karma Tashi Dölma (Rosy Tsakiridis)
Bearbeitet von Sylvia Luetjohann

2. Auflage 1990

Umschlaggestaltung: Wolfgang Jünemann
Gesamtherstellung: Schneelöwe, Aitrang
ISBN 3-89385-062-7

Printed in Germany

Für meinen Guru Jamgon Kongtrul Rinpoche

Huldigung an den Guru der Inneren Bewußtheit

Der Körper des Dharma ist in sich selbst Friede,
Und daher ist er niemals aus sich selbst emporgetaucht;
Doch ist das Licht im Schoße entzündet worden,
Und aus dem Schoße und im Schoße erwächst das Spiel
der Segnungen;
Das heißt, die Energie des Mitgefühls beginnt ihr
unaufhörliches Wirken.

Wer dem Buddha, Dharma und Sangha folgt, ist sich der Leere bewußt; dieses Wissen um die Leerheit und Liebe, die ohne Selbst ist, wird die große Vollkommenheit des Gleichmuts genannt, mit deren Hilfe man die Sicht der Welt als Mandala aller Buddhas erreicht.

Möge dies dich führen und dein Begleiter sein bei deiner Pilgerschaft zur Befreiung. Mögest du, geführt durch das Licht der Weisheit, das Wesen des Großen Mitfühlenden erlangen.

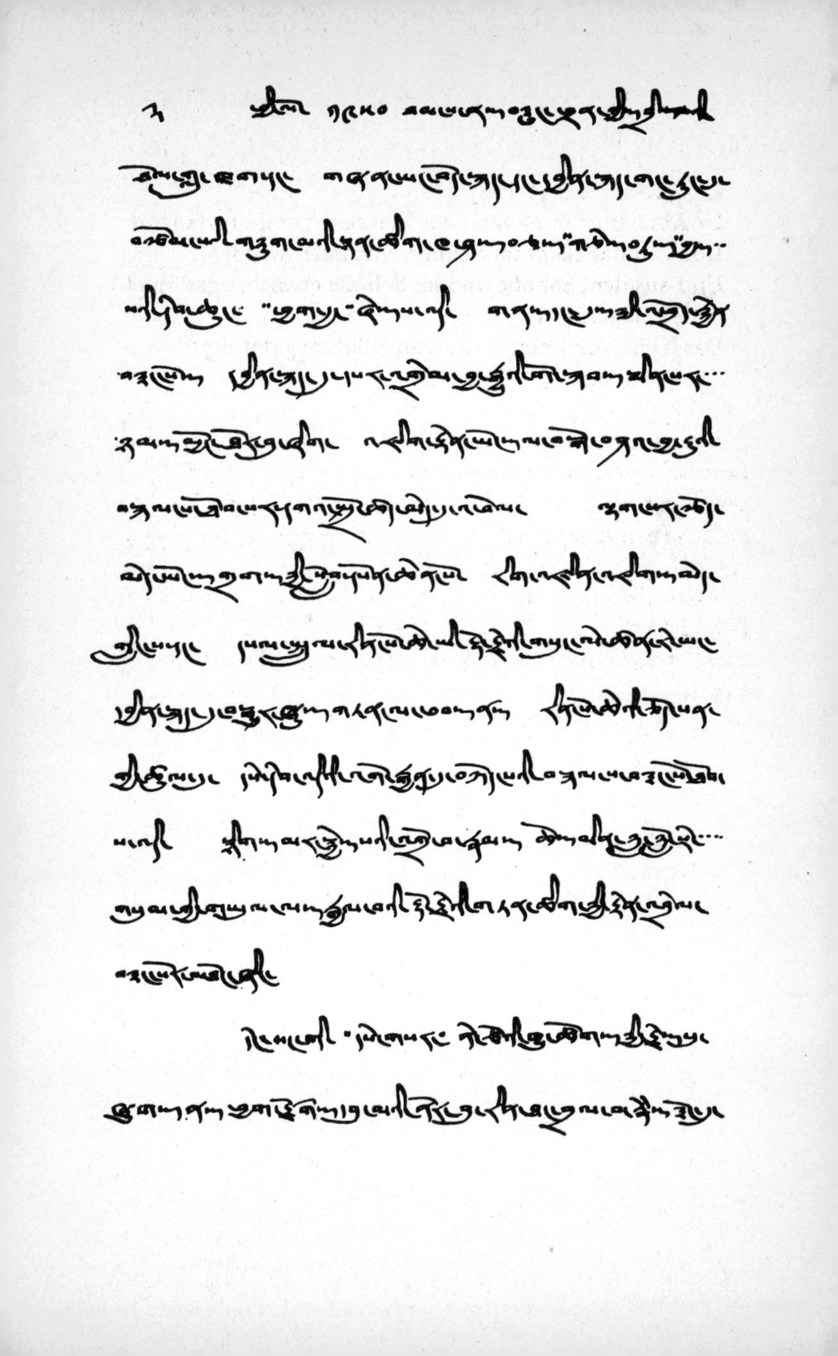

ཕྱི་ལོ་ ༡༩༨༥ [illegible]

[illegible]

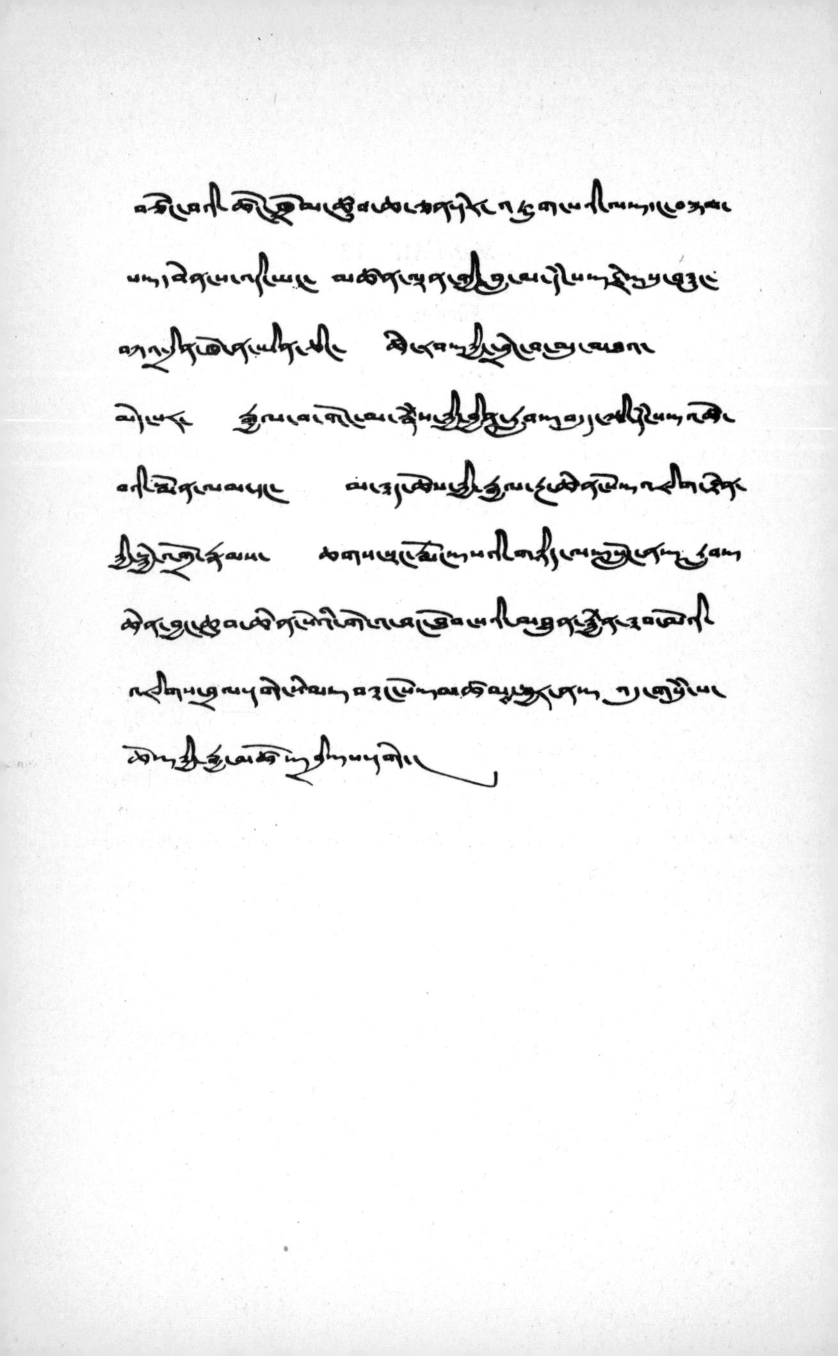

[illegible]
[illegible]
[illegible]
[illegible]
[illegible]
[illegible]
[illegible]
[illegible]
[illegible]

INHALT

Der Verlag bedankt sich für die Abdruckerlaubnis aus folgenden Werken: Herbert V. Guenther, *The Life and Teaching of Naropa* (Oxford University Press); Paul Reps, *Zen Flesh, Zen Bones* (Charles Tuttle & Co) – in dts.: *Ohne Worte, ohne Schweigen* (Otto Wilhelm Barth Verlag) – für den Abdruck der "Bilder von Ochs und Hirte" von Tomikichiro Tokuriki.

EINLEITUNG

Es ist mir eine große Freude, daß ich einige meiner Erfahrungen mit der Welt teilen kann. Die Situation ergibt sich aus der Veröffentlichung eines kleinen Buches *Mudra* – eine Auswahl einiger meiner Lieder und anderer spontaner Gedichte, die ich seit 1959 in Tibetisch und Englisch geschrieben habe.

Ich empfinde es als besonders segensreich, daß ich einige Werke maßgeblicher Lehrer – Jigme Lingpa und Petrul Rinpoche – hinzufügen konnte, welche ich ins Englische übersetzt habe. Diese Übersetzungen stehen dem Buch als "Scheiteljuwel" voran. Diese diamantklare Darlegung befreit die Menschen des Dunklen Zeitalters von den Drei Herren des Materialismus und ihrem kriegerischen Treiben.

Der große Segen der siegreichen Überlieferungslinie hat mich vor den modernen Papageienhorden bewahrt, die so kostbare Juwelen wie Mahamudra, Maha Ati und Madhyamika-Lehren auf dem geschäftigen Marktplatz ausrufen.

Möge ich weiterhin durch meine Leben Gesundheit erlangen aus dem Lebenselixier, das der Segen dieser Überlieferungslinie ist.

Möge ich ohne Furcht die Trommel des Dharma schlagen, um fühlende Wesen, die durch Verlangen, Haß und Unwissenheit in Schlaf gefallen sind, aufzuwecken und sie zu einem erwachten Zustand zu bringen.

CHÖGYAM KUSULU

Maha Ati

Die beiden folgenden Übersetzungen stammen aus dem Werk zweier berühmter und hochverehrter tibetischer Lehrer.

Petrul Rinpoche, der das an Abushri gerichtete Gedicht schrieb, lebte Ende des neunzehnten Jahrhunderts. Er war ein bekannter Nyingmapa-Lehrer und zeigte besonderes Interesse für die Vereinigung von Philosophie und Praxis der Meditation. Er weigerte sich, in einem institutionellen Kloster zu leben, und wurde ein großer Reisender.

Jigme Lingpa lebte zur Zeit des Fünften Dalai Lama. Er war verantwortlich für die Inspiration vieler Menschen zum Studium des Maha Ati, der letzten und höchsten Lehre Buddhas.

Diese Lehre vermittelt exakte Erfahrungen des erwachten Zustands. Tatsächlich überschreitet sie Vorstellungen wie die "Idee" der Buddhanatur, die noch ein Element des nicht Ausgereiften hat. Der Unterschied scheint darin zu bestehen, daß Petrul das Erreichen der Buddhanatur als Entwicklung sieht; mit Maha Ati aber ist sie sofortige Erfahrung. Das Bild für Maha Ati ist der Garuda, der völlig ausgewachsen aus dem Ei emporsteigt.

Ich habe diese Übersetzungen in das Buch mit aufgenommen, obwohl sie fortgeschrittene Lehre sind, da offenbar viele Menschen durch ihr Lesen inspiriert worden sind. Es liegt keine Gefahr darin, sie kundzutun, denn sie sind das, was man *Selbst-Geheimnis* nennt, das heißt, man kann nichts verstehen, wofür man nicht bereit ist. Auch sind sie unvollständig ohne die Übertragung eines Guru aus der Überlieferungslinie.

Du, der du die Einheit von Glückseligkeit und Leerheit
  genießest,
Bewegungslos auf der Mondscheibe sitzend
Über einer schönen hundertblättrigen Blume
Umstrahlt von weißem Licht,
Ich huldige dir, Göttlicher Guru, Vajrasattva.

Höre, Abushri,
Du nichtsnutziger, tagträumender Narr,
Erinnerst du dich, wie du in der Vergangenheit
Durch Verblendung durcheinandergebracht wurdest?
Achte auf die Verblendungen in der Gegenwart,
Und führe kein schein-heiliges Leben.

Hör auf mit unnötigen Spekulationen.
Du hast Hunderte von Plänen gemacht,
Die niemals in Erfüllung gingen
Und nur zu Enttäuschungen führten.
Unbeendete Handlungen sind wie
Das Überschwappen von Wellen.
Bleib allein und beende
Deine Hirngespinste.

Du hast Hunderte von Philosophien studiert,
Ohne auch nur irgendeine davon zu begreifen.
Was ist der Zweck weiterer Studien?
Du hast studiert, ohne dich
An irgend etwas zu erinnern,
Wenn du es brauchtest.
Was ist der Sinn der Kontemplation?
Vergiß deine "Meditation"!
Sie scheint kein Heilmittel
Für widerstreitende Emotionen zu sein.

Du magst die vorgeschriebene Anzahl der Mantras aufgesagt haben,
Aber du hast die konkreten Schauungen noch nicht gemeistert.
Du magst die konkreten Schauungen gemeistert haben,
Aber du hast den Griff der Dualität noch nicht gelöst.
Du magst augenscheinliche Übel bezwungen haben,
Aber du hast dein Ego noch nicht gezähmt.

Vergiß deine festgesetzten Meditationszeiten
Und das Befolgen eines zwanghaften Plans.
Hoch und klar, aber nicht loslassend,
Tief und beständig, aber an Klarheit mangelnd,
Durchdringende Einsicht, aber nur verwundend –
Das ist deine Meditation!
Vergiß die Starre der Konzentration
Und den festgebundenen Geist.

Lesungen klingen interessant,
Aber sie helfen deinem Geist nicht weiter.
Der logische Verstand scheint scharf,
Aber er ist in Wahrheit der Samen der Verwirrung.
Mündliche Instruktionen klingen sehr tief,
Aber sie helfen nicht, wenn sie nicht praktiziert werden.
Vergiß das oberflächliche Herumschmökern in Büchern,
Das Zerstreuung und Augenschmerzen verursacht.

Du schlägst deine altertümliche Gebetstrommel,
Aber nur wegen der Neuheit, sie zu spielen.
Du bringst deinen Körper als Opfer,
Aber tatsächlich bist du noch an ihn gekettet.
Du spielst klarklingende Becken,
Aber dein Geist ist schwer und verwirrt.
Vergiß diese Kunstfertigkeiten,
Wenn sie auch sehr große Anziehungskraft besitzen.

Deine Schüler scheinen zu studieren,
Aber sie halten es nie durch;
An einem Tag ist da ein Schimmer des Verstehens,
Aber am nächsten Tag ist er weg.
Sie lernen ein Ding von Hunderten,
Aber sie behalten nicht einmal das.
Vergiß diese euphorisch erscheinenden Schüler!

Der engste Freund ist heute voller Liebe
Und morgen teilnahmslos.
Er ist in der einen Minute bescheiden
Und stolz in der nächsten.
Je mehr man ihn liebt, desto zurückhaltender wird er.
Vergiß den teuren Freund, der lächelt,
Weil die Freundschaft immer noch eine Neuheit ist!

Deine Freundin legt ein lächelndes Gesicht an den Tag,
Aber wer weiß, was sie wirklich fühlt?
Für eine Nacht des Vergnügens gibt es neun Monate
  Herzensweh.
Du kannst einen Monat damit zubringen,
Sie ins Bett zu bekommen, und doch erfolglos sein.
Es ist den ganzen Skandal und Klatsch wirklich nicht wert,
Daher, vergiß sie.

Unaufhörliches Geschwätz wühlt Gefallen und Mißfallen auf.
Es mag amüsant und angenehm sein,
Aber es ist bloß ein Nachahmen der Fehler anderer.
Die Zuhörer scheinen aufnahmebereit,
Aber in Wahrheit mögen sie kritisch sein.
Es bringt dir nur eine trockene Kehle,
So vergiß das müßige Reden!

Das Predigen ohne Erfahrung des Themas aus erster Hand
Gleicht dem Tanz auf Büchern.
Die Zuhörer mögen willig zum Zuhören erscheinen,
Aber in Wirklichkeit sind sie überhaupt nicht interessiert.
Wenn du nicht praktizierst, was du predigst,
Wirst du dich früher oder später deswegen schämen.
So vergiß die hohle Rhetorik!

Wenn du keine Bücher hast,
Verspürst du das Bedürfnis nach ihnen;

Wenn du sie hast, fühlst du es nicht.
Es sind nur ein paar Seiten,
Aber sie abzuschreiben erscheint endlos.
Alle Bücher auf der Welt
Würden dich nicht befriedigen,
So vergiß das Abschreiben –
Es sei denn, du bekommst es bezahlt.

Am einen Tag bist du entspannt,
Am nächsten bist du angespannt.
Du wirst niemals froh sein,
Wenn du von den Launen der Menschen beeinflußt wirst.
Manchmal sind sie freundlich,
Aber vielleicht nicht dann, wenn du sie brauchst,
Und du könntest enttäuscht sein.
So vergiß Höflichkeit und Schmeichelei!

Politische und religiöse Aktivitäten
Sind nur für feine Herren.
Das ist nichts für dich, mein lieber Junge.
Denke an das Beispiel einer alten Kuh:
Sie ist zufrieden, wenn sie in einer Scheune schläft.
Du mußt essen, schlafen und dich entleeren.
Das ist unumgänglich –
Alles, was darüber hinausgeht,
Gehört nicht zu deinen Aufgaben.
Tue, was du zu tun hast,
Und halte dich an dich selbst.

Du bist so tief unten wie der Niedrigste,
Daher solltest du bescheiden sein.
Es liegt eine ganze Hierarchie über dir,
So höre auf, stolz zu sein.
Du solltest nicht zu viele enge Gefährten haben,
Denn es würden sicherlich Differenzen entstehen.

Da du nicht in religiöse und politische
Aktivitäten verwickelt bist,
Solltest du dir selbst keine Aufgaben stellen,
Gib alles auf, das ist der entscheidende Punkt!

Diese Lehre wurde durch Yogi Trime Lodrö aus seiner eigenen Erfahrung seinem teuren Freund Abushri gegeben. Praktiziere sie, auch wenn es nichts zu praktizieren gibt. Gib alles auf – das ist das Entscheidende. Werde nicht böse auf dich, auch wenn du den Dharma nicht praktizieren kannst.

NYING TIG
oder DIE INNERSTE ESSENZ

von Jigme Lingpa

Dies ist das Löwengebrüll, das die wuchernden Verwirrungen und Mißverständnisse jener Meditierenden bändigt, die sich von materialistischen Bindungen losgesagt haben, um über die Innerste Essenz zu meditieren.

Das Maha Ati, das jenseits aller Vorstellungen ist und sowohl Festhalten wie Loslassen überschreitet, ist die Essenz der transzendentalen Einsicht. Dies ist der unveränderliche Zustand der Nicht-Meditation, in dem Bewußtsein, aber kein Anhaften ist. Indem ich dies verstehe, bringe ich mit großer Schlichtheit dem Maha Ati unaufhörliche Huldigung entgegen.

Hier ist die Essenz des Maha Ati-Tantra,
Das innerste Herz der Lehren Padmakaras,
Die Lebenskraft der Dakinis.
Dies ist die Höchste Lehre aller neun Fahrzeuge.[1]
Sie kann nur durch einen Guru der geistigen Überlieferungslinie übertragen werden,
Und nicht durch Worte allein.
Dennoch habe ich dies geschrieben
Zum Wohle großer Meditierender,
Die sich den Höchsten Lehren hingeben.
Diese Lehre wurde aus der Schatzkammer des Dharmadhatu[2] entnommen
Und ist nicht aus dem Verhaftetsein
An Theorien und philosohische Abstraktionen geschaffen worden.

1) Die neun Fahrzeuge sind: Shravakayana, Pratyekabuddhayana, Mahayana, Kriyayana, Upayana, Yogayana, Mahayogayana, Anuyana, Atiyana.
2) Dharmadatu: der allesumfassende Raum.

Zuerst muß der Schüler einen vollendeten Guru finden, mit dem er eine gute karmische Verbindung hat. Der Lehrer muß der geistigen Überlieferungslinie angehören. Der Schüler muß ungeteilte Hingabe und Glauben haben, damit die Übertragung der Verstehensweise des Lehrers möglich gemacht wird.

Das Maha Ati ist von größter Einfachheit. Es ist, was ist. Es kann nicht durch Analogien dargestellt werden, nichts kann ihm entgegenstehen. Es ist ohne Begrenzungen und überschreitet alle Extreme. Es ist ganz klares Jetzt, das niemals seine Form oder Farbe ändern kann. Wenn du mit diesem Zustand eins wirst, löst sich der Wunsch zum Meditieren auf; du bist befreit von der Kette der Meditation und Philosophie, und innere Überzeugung wird in dir geboren. Der Denker ist verschwunden. Es kann kein Nutzen mehr aus "guten" Gedanken kommen und kein Schaden mehr durch "schlechte" Gedanken entstehen. Neutrale Gedanken können nicht mehr täuschen. Du wirst eins mit der transzendentalen Einsicht und dem grenzenlosen Raum. Dann wirst du Zeichen des Fortschrittes auf dem Pfad finden. Irgendein Problem zügelloser Verwirrungen und Mißverständnisse gibt es nicht mehr.

Obgleich diese Lehre der König der Yanas ist, sind die Meditierenden unterteilt in jene, die höchst aufnahmefähig dafür sind, jene, die weniger aufnahmefähig sind, und solche, die für die Aufnahme ganz unfähig sind. Die in höchstem Maße aufnahmefähigen Schüler sind schwer zu finden, und manchmal kommt es vor, daß Lehrer und Schüler nicht in der Lage sind, eine wahre Begegnung miteinander zu finden. In einem solchen Fall ist nichts erreicht, und es können fälschliche Begriffe über die Natur des Maha Ati entstehen.

Diejenigen, die weniger empfänglich sind, beginnen mit dem Studium der Theorie und entwickeln allmählich das Gefühl und das echte Verstehen. Heutzutage betrachten viele Menschen die Theorie als die Meditation. Ihre Meditation mag klar und leer von Gedanken sein und ist sicher auch entspannend und erfreulich, aber das ist nur die vorübergehende Erfahrung von Glückseligkeit. Sie denken, dies sei die Meditation und keiner kenne es anders als sie. Sie denken, "ich habe dieses Verstehen erlangt", und sind stolz auf sich. Ihre Erfahrung ist dann nur theoretisch, wenn kein befähigter Lehrer da ist. Wie es in den Schriften des Maha Ati heißt: "Theorie ist wie ein Flicken auf einem Mantel – eines Tages wird er weg sein." Die Menschen unterscheiden oft zwischen "guten" und "schlechten" Gedanken, als wenn man versuchen wollte, die Milch vom Wasser zu trennen. Es ist leicht genug, die negativen Lebenserfahrungen anzunehmen, aber es ist viel schwerer, die positiven Lebenserfahrungen als Teil des Pfades zu sehen. Sogar jene, die für sich in Anspruch nehmen, den höchsten Zustand der Verwirklichung erreicht zu haben, sind völlig verstrickt in weltliche Belange und Ruhm. Sie werden angezogen von Devaputra[1]. Das bedeutet, daß sie die Selbstbefreiung von den sechs Sinnen nicht realisiert haben. Solche Menschen betrachten Ruhm als außergewöhnlich und wunderbar. Es ist so, als bestünde man darauf, ein Rabe sei weiß. Diejenigen aber, die vollkommen hingegeben sind an die Praxis des Dharma, ohne von weltlichem Ruhm und Glanz betroffen zu sein, sollten nicht zu selbstzufrieden sein aufgrund ihrer höheren Entwicklung der Meditation. Sie müssen den Guru-Yoga während der vier Tagesperioden praktizieren, um die Segnungen des Guru zu empfangen, ihren Geist mit dem seinen zu verschmelzen und das Auge der inneren Einsicht zu öffnen. Wenn diese Erfahrung einmal erreicht ist, sollte sie nicht vernachlässigt werden. Der Yogi sollte sich fortan der Praxis hingeben mit unablässiger Beständigkeit. In der Folge wird seine Erfahrung der Leerheit friedvoller werden, oder er wird größere Klarheit und Einsicht erfahren. Oder wiederum wird er anfangen, die

1) Devaprutra personifiziert die böse Kraft, welche die Anziehung durch Sinnesobjekte verursacht.

Mängel abschweifender Gedanken wahrzunehmen, und dadurch unterscheidende Weisheit entwickeln. Einige Individuen werden in der Lage sein, sowohl die Gedanken als auch ihre Abwesenheit für die Meditation zu nutzen; aber es sollte bedacht werden, daß dasjenige, was das Geschehen feststellt, der feste Zugriff des Ego ist.

Achte auf die subtile Behinderung durch den Versuch, die Erfahrungen zu analysieren. Dies ist eine große Gefahr. Es ist verfrüht, alle Gedanken als Dharmakaya einzustufen. Das Heilmittel ist die Weisheit des Jetzt, unveränderlich und unfehlbar. Einmal von der Last philosophischer Spekulationen befreit, entwickelt der Meditierende durchdringende Bewußtheit in seiner Praxis. Wenn er seine Erfahrungen in der Meditation und der Zeit danach analysiert, wird er abgelenkt werden und viele Fehler machen. Wenn es ihm nicht gelingt, diese Mängel zu verstehen, wird er niemals die freifließende Einsicht in das Jetzt erreichen, die jenseits aller Begriffe ist. Er wird nur eine begriffliche und nihilistische Sichtweise der Leerheit haben, was für die kleineren Yanas charakteristisch ist.

Ebenso ist es ein Fehler, die Leerheit als Wahnbild anzusehen, so als wäre sie bloß eine Kombination von lebhaften Wahrnehmungen und dem Nichts. Dies ist die Erfahrung der niederen Tantras, welche durch die Praxis des Svabhava-Mantra herbeigeführt werden könnte. Ähnlich ist es ein Fehler, abschweifende Gedanken zu besänftigen, um die Klarheit zu überschauen und den Geist als gänzlich leer zu betrachten. Die Erfahrung wirklicher Einsicht ist die gleichzeitige Bewußtheit sowohl der Ruhe als auch der aktiven Gedanken. Nach der Maha Ati-Lehre besteht die Meditation darin, das wahrzunehmen, was immer im Geist auftaucht, und einfach im Zustand des Jetzt zu bleiben. Mit diesem Zustand nach der Meditation fortzufahren, nennt man "die nachmeditative Erfahrung".

Es ist ein Fehler, sich auf die Leerheit zu *konzentrieren*

und nach der Meditation intellektuell alles als Wahnbild zu betrachten. Ursprüngliche innere Einsicht ist ein Zustand, der nicht durch das gedankliche Unterholz beeinflußt werden kann. Es ist falsch, sich gegen den umherwandernden Geist zu schützen oder den Geist in die asketische Praxis der Gedankenunterdrückung einzukerkern.

Manche Menschen könnten den Ausdruck *Jetzt* mißverstehen und wenden ihn an, um sich auf allerlei Gedanken zu beziehen, die im Augenblick in ihrem Geist sind. Das *Jetzt* sollte als ursprüngliche Einsicht verstanden werden, wie sie schon beschrieben worden ist.

Der Zustand der Nicht-Meditation entsteht aus dem Herzen heraus, wenn man keinen Unterschied mehr macht zwischen Meditation und Nicht-Meditation und man nicht mehr weiter versucht ist, den Zustand der Meditation zu verändern oder zu verlängern. Dort ist allesdurchdringende Freude, losgelöst von allem Zweifel. Dies ist anders als Freude an sinnlichen Vergnügungen oder reines Glücklichsein.

Wenn wir von "Klarheit" sprechen, beziehen wir uns auf jenen Zustand, der frei von Trägheit und Dumpfheit ist. Diese Klarheit, untrennbar von reiner Energie, scheint unbehindert weiter. Es ist falsch, Klarheit gleichzusetzen mit Bewußtheit der Gedanken, der Formen und Farben äußerlicher Erscheinungsformen.

Wenn keine Gedanken da sind, ist der Meditierende vollständig in den Raum des Nichtdenkens eingetaucht. Die "Abwesenheit der Gedanken" bedeutet nicht Unbewußtheit oder Schlaf oder Rückzug von den Sinnen, sondern einfach, von Konflikt unbewegt zu sein. Die drei Zeichen der Meditation – Klarheit, Freude und Abwesenheit der Gedanken – können sich natürlich einstellen, wenn ein Mensch meditiert, aber wenn eine Anstrengung unternommen wird, sie zu erzeugen, bleibt der Meditierende noch im Kreislauf des Samsara.

Es gibt vier falsche Ansichten über die Leerheit. Es ist falsch sich vorzustellen, die Leerheit sei bloß leer, ohne den ungeordneten offenen Raum des Jetzt zu sehen. Es ist falsch, die Buddhanatur (Dharmakaya) in äußerlichen Quellen zu suchen, ohne zu erkennen, daß das Jetzt keinen Pfad und kein Ziel kennt. Es ist falsch, zu Heilmitteln für Gedanken zu greifen, ohne zu erkennen, daß Gedanken von Natur aus leer sind und daß man sich von ihnen befreien kann, so wie die Schlange sich häutet. Es ist auch falsch, einen nihilistischen Standpunkt zu vertreten, daß es außer der Leerheit nichts gibt, keine Ursache und Wirkung von Karma, keinen Meditierenden und keine Meditation; damit scheitert man daran, die Leerheit, welche jenseits von Begriffen ist, zu erfahren. Diejenigen, die kurze Einblicke in die Verwirklichung gehabt haben, müssen diese Gefahren kennen und sie sorgfältig untersuchen. Es ist leicht, zu theoretisieren und beredt über die Leerheit zu sprechen, der Meditierende aber mag noch immer unfähig sein, mit bestimmten Situationen umzugehen. In einem Maha Ati-Text wird gesagt:

> "Zeitbedingte Verwirklichung ist wie ein Nebel, der sicherlich verschwinden wird."

Meditierende, die diese Gefahren nie studiert haben, werden niemals Gewinn daraus ziehen, sich in strenger Zurückgezogenheit zu halten oder den Geist gewaltsam zu bändigen, noch aus Visualisationen, Rezitationen von Mantras oder Praktizieren von Hathayoga. Wie es im Phagpa Düdpa-Sutra heißt:

> "Ein Bodhisattva, der nicht die wirkliche Bedeutung der Einsamkeit kennt, auch wenn er viele Jahre lang in einem abgelegenen Tal voller giftiger Schlangen meditiert, fünfhundert Meilen von der nächsten Wohnstätte entfernt, würde noch anmaßenden Stolz entwickeln."

Wenn der Meditierende in der Lage ist, was immer in seinem Leben geschieht als Pfad zu benutzen, dann wird sein Körper zu einer Retreathütte. Er braucht nicht die Zahl der Jahre aufzuzählen, in denen er meditiert hat, und er gerät nicht in Panik, wenn "schockierende" Gedanken auftauchen. Seine Bewußtheit bleibt ungebrochen, wie die eines alten Mannes, der ein Kind beim Spiel betrachtet. Wie es in einem Maha Ati-Text heißt:

> "Vollständige Verwirklichung ist wie der unveränderliche Raum."

Der Maha Ati-Yogi mag wie eine gewöhnliche Person aussehen, aber seine Bewußtheit ist völlig im Jetzt aufgegangen. Er braucht keine Bücher, denn er sieht die sichtbaren Phänomene der Erscheinungswelt und die ganze Existenz als Mandala des Guru. Für ihn gibt es keine Mutmaßungen über die Stufen auf dem Pfad. Seine Handlungen sind spontan (ohne vorgefaßte Konzepte) und kommen daher allen Lebewesen zugute. Wenn er den physischen Körper verläßt, wird sein Bewußtsein eins mit dem Dharmakaya, so wie die Luft in einem Gefäß eins wird mit dem umgebenden Raum, wenn das Gefäß zerbricht.

Lieder

Der, welcher den Buddha, durch den Geist nicht vorstellbar, erkennbar macht,
Der, welcher die geheimen Lehren, in Büchern nicht dargelegt, besitzt,
Der, dessen Form ganz Weisheit ist, ein wahrer Halter des Vajra,
Gangshar-wangpo, dessen Güte niemals erstattet werden kann,
Zu niemandem als zu Dir kann ich Zuflucht nehmen.
Doch bleibst Du immer in mir:
Du bist meine Zuflucht dann, bis zur Erleuchtung.

Handle nach dem Dharma und übertrete ihn;
Halte dich an den direkten Pfad und falle in Sünde.
Da ich niemanden fand, an den ich mich halten konnte,
Bewahre mich vor den Rohen und Verderbten.

Im Reiche der Nicht-Zweiheit,
Wer ist Herrscher, wer Diener?
Und da dies das Land ist, wohin ich reise,
Bewahre mich vor Dienern und Wärtern.

Die Sinne weben ihre Netze, um
Jene Reichtümer einzufangen, die ihnen schon gehören.
Da Ungebundenheit der Pfad ist, dem ich folge,
Bewahre mich vor dem Schatzmeister der Anhaftung.

Der besitzlose Zustand der Meditation
Wird vollkommenem Gleichmut nachgebildet;
Da Liebe und Haß keinen Platz darin finden sollen,
Bewahre mich vor dem Kloster des Besitzens.

Der Yogi, der nur in der Stunde lebt,
ist der meist begünstigte in allen Königreichen;
Und da es nicht nötig ist, auf Geschenke und Ehre zu
rechnen,
Bewahre mich vor dem Erscheinen von Jüngern.

Die Kenntnis des Seins ist der vollkommene Lehrer,
Und er ist bei mir, überall wo ich gehe;
Da er es ist, an den ich mich halte,
Bewahre mich vor denen, die für Sekten und Parteien
predigen.

II

Im Schoß der Freude immer gegenwärtig
Bleibt das Mandala der Fünf Weisheitsformen;
Und da dies das einzige ist, was wirklich ist,
Bewahre mich vor von Menschen gemachten Göttern.

Samsara und Nirvana sind einander nicht entgegengesetzt:
Es gibt das eine, das durch Rituale niemals erreicht werden
kann.
Da ich die Doppelsinnigkeit des Geistes überwinden kann,
Bewahre mich vor den vom Geist erzeugten Schutzgöttern.

Das Vaterland ist überall mit dir;
Bewußtheit wird ihre eigene Abwehr aufrechterhalten.
Da es nutzlos ist, Selbst-Bezogenheit aufzubauen,
Bewahre mich vor den lokalen Gottheiten des Samsara.

Bewaffnet mit dem Schwert des Glaubens in der Betrachtung,
Wird ein einziger Streich deine Kräfte freisetzen, alle Dinge
zu erkennen;

Da dies die Waffe ist, die mein Lehrer mir gab,
Bewahre mich vor dem Haß, der durch patriotische Kriege
erweckt wird.

Nichts ist verläßlich, nichts ist fruchtbar;
Die Sonne scheint heiter, und doch
Verdichtet sich die Dunkelheit und ein sich rötender Himmel
umgibt uns.

Was bleibt da noch zu tun für mich?

Ich möchte alles hinter mir lassen,
Auch wenn ich nichts vom Dharma weiß.
Auch wenn du des Dharma unkundig bist,
Chögyam, gib doch einfach alles auf.

Mein Führer, das verborgene, freudvolle Licht der Lehre,
Möge die blinde Dunkelheit um mich verschwinden.
Das Leben eines jungen, wandernden Bettelmönchs lebend,
Möge ich die Welt zu einer Welt jenseits von ihr führen.

Das Tal des Mysteriums, Tibet, 1959

Das Lied vom Goldenen Elefanten

Der Adler schwebt hinweg in den Himmel,
Und doch lotet er niemals die Tiefen des Raumes aus.
Die vier Jahreszeiten machen einander Platz,
Doch scheinen sie nie einen Anfang oder ein Ende zu haben.
Wenn der einzelne trockene Baum auf dem Hügel umgeblasen
wird
Von dem frühzeitigen Wind, was kann man tun?

Der pfeifende Winterwind bläst leicht
Die weißen Blumen der Schneeflocken.
An die Mutter denkend, wie sie die Yaks hütete,
Wie kann man da je das Hochland von Geje vergessen?

O Säule des Himmels, hohe Bergspitze,
Hügel, wo Bäume und Gräser wachsen, umgeben dich,
Doch du bleibst allein und still,
Die Wolke des Friedens um deine Schultern gelegt.
An das Vaterland denkend
Wird die weiße Flagge durch das Lied der Traurigkeit bewegt.
Die wunderschöne Form des Jomo Lhari-Berges
kommt plötzlich in den Sinn,
Und nur das flüssige Türkis des Sees
kann mich trösten.

Ost- und Westseite des Hügels kann man beide sehen,
Und das weiße Banner darauf
Spricht von dem Ding, das so weit und doch greifbar nah ist.

Ich biete dir einen Goldenen Elefanten an.
Hüte den jungen Elefanten
Noch im Dschungel,
Das einsame Kind, das die frische heiße Milch trinkt.
Wenn er dir einen Kristallspiegel schenkt,
Entziffre die goldenen Silben,
die auf mein Herz geschrieben sind.

Lies dies im Lichte der Fackel, welche die Finsternis zerstreut.

Zwei Kuckucksvögel wurden gestern durch das Schicksal
Auf einem Busch in Südtibet zusammengebracht.
Sie sangen so wunderschön, daß die Jäger dort
Ihre Pfeile vergaßen, die mit schwarzem Haß vergiftet waren.

Die gelehrten Männer interpretieren und
Ziehen alle Kommentare hervor,
insgeheim aber essen sie ihr eigenes Fleisch.
Dumm und unwissend weint er dann.
Siehst du nicht, wie auch er
Steine anschreit?

Die Kraniche zogen flatternd ihren Weg nach Hause,
Als das Leben des dünnen, des kranken,
Das Leben dessen, der keine Kraft in den Flügeln hatte,
Vom scharfen Winter plötzlich abgeschnitten wurde.
Tadle Gott nicht dafür,
nenn ihn nicht herzlos.

Manche fliegen am Himmel und manche schlafen,
Aber keiner kann die kreisenden Bahnen der Zeit
  überqueren;
Pferde galoppieren, haben keine Bestimmung,
Ein Pfeil tötete auch den schlauen Fuchs.

Feuermaschinen bewachen den Norden, Süden, Osten und
  Westen.
Aber wenn selbst das Haus Gottes zu brennen beginnt,
Steigt das Sengen seines Haares zum Himmel empor.
Und keiner kann den rasenden Wind des Karma aufhalten.

Die Regenwolken sammeln sich im klaren, blauen Himmel,
Und plötzlich sah ich ihr leuchtendes Gesicht,
Rotäugig, wie bei der Verfinsterung des Vollmondes.

Wer war es, der diese schwarze Zauberformel sprach?
Und achtzehn Blitze wimmelnd, heiß versengend
Und das ganze Tal eine große Welle aus Blut
Und der Schrei der ganzen Welt mit einer Zunge?

Kühle diese Feuer aus, Avalokiteshvara.
Dein lächelndes Gesicht ist ganz Mitgefühl,
Dein langer, weißer, weicher, dünner Arm ist zur Rettung ausgestreckt,
Und Licht glüht um dich herum in einem friedvollen Ring.

Befreit von der üblichen Zweifältigkeit des Geistes,
Was gibt es da für einen Nutzen in wortloser Befreiung?
Erleuchtung bricht überall durch,
Die Feuer des Leidens werden schwächer und verschwinden.
Komm mit mir und wasche deinen Aussatz weg,
Bade im Elixier aus dem Kristallgefäß,
Verbinde deine Hände mit den meinen und gelange zur Befreiung.

Das leise Lied der Einsamkeit

Dem Friede und Einsamkeit
Für immer bekannt sind, vollendet,
Du, Milarepa, Longchenpa,
Der Guru, der alle Dinge weiß,
Der, der die eine Wahrheit zeigt:
Deiner gedenke ich, ich, dein Sohn.
Weinend auf einer fremden Insel.

Die Wildente, ohne Begleiter,
Schreit auf in der verlassenen Einsamkeit
Und fliegt allein mit ausgestreckten Flügeln
In den grenzenlosen Himmel schwebend.

Im Schoße jenseits des einen und der vielen,
Dein ist die innere Einsamkeit,
Und dein allein die Leerheit
Innen und überall außen.
Allein zeugt der Bergabhang
Die Wolken, die den Regen verwandeln, die zwei,
Die niemals über das eine hinausgelangen.
So schwebe hinweg, Wildente, alleine.

Wenn Donner überall widerhallt
Sind es nur die Elemente beim Spiel,
Die vier, sie drücken den Klang der Stille aus.
Die dreieckigen Hagelkörner,
Die schwarzen Wolken und das Blasen der Stürme
Sind erdgebunden nur, Wildente,
So falle nicht dem Zweifel zur Beute,
Sondern begebe dich weiter auf deinen Flug.

Die Wasser des Sonnenuntergangs liegen
Safranfarben, wunderschön,
Und doch unveränderlich ist das Licht
Und die Würde der Sonne; so zerschneide
Die Schnur, die Tag und Nacht verbindet,
Und spanne deine Flügel und fliege, Wildente.

Die Mondstrahlen sind über dem Ozean ausgebreitet,
Und Himmel und Erde lächeln; die kühle
Und sanfte Brise geht über sie,
Aber du bist jung und weit weg von zuhause,
Wildente. So spanne allein deine Flügel aus
Und reise auf dem Pfad zum Nirgends.

II

Eine Schärfe liegt auf dem Schwanz des Sommers;
Die heilsame Brise des Sommers weicht
Dem bitterkalten Wind der Winterszeit.
Wenn dies für dich ein Signal war, Vogel,
Dann würdest du die Jahreszeiten
Als solche nicht kennen, sondern als ein drehendes Rad.

Das junge Wild, das durch
Des Sommers grüne und schöne Wege wandert
Und sich erinnert, wie seine Mutter gefangen
Und in einer Falle getötet wurde, kann doch
Die Freiheit des leeren Tales genießen
Und Erleichterung und Ruhe im Geiste finden.

Das einsame Kind, das durch die
angsterregenden, wüsten und verlassenen Felder zieht
Und auf ihre unfruchtbaren Töne lauscht,
Begrüßt als unbekannten und besten Freund
Den Schrecken in sich, und es singt
In der Dunkelheit die allersüßesten Lieder.

Der einsame Vogel lebte sein ganzes Leben
An einem entlegenen Ort, doch kannte er nicht
Den Frieden oder die Wohnstätte des Friedens.
Aber wenn dir das Gesicht der Einsamkeit bekannt ist,
Dann wirst du die Einsiedelei im Himalaya finden.

Das Dschungelkind singt sein Lied
Traurig und allein, und doch weint es um nichts,
Und Freude ist in ihm, wenn es
Die Flöte des friedlichen Windes blasen hört.
Und auch mir ergeht es so, im Himmel
Tanzend und auf einer Wildente reitend.

24. Juni 1965

Lied der Dakini

Ich preise die Königin der rechten Mittel, die auszieht,
um Reichtümer zu sammeln,
Die Königin der Weisheit, die sich die dreifache Welt
unterwirft,
Die Tänzerin im Schoße der allesdurchdringenden Güte,
Ich preise sie, die siegt und beruhigt.

Friedensspenderin, die das Licht der Ruhe aussendet,
Deren strahlendes Lächeln hinter der Welt liegt,
Die den Ozean der Überfülle des Lebens aufnimmt
In den Schoß der Freude, dich preise ich.

Schöpferin des Lichtes der Würde
Und Öffnerin des Tores der Fröhlichkeit,
Des Tores der Weisheit und der Güte
Und jener vier Tore, die immer weiter nach innen aufgehen,

Leidenschaftlich, mit rotem Gesicht, tanzt du ruhig;
Du bist die Zauberin der wahren Liebe.
O laß mich dich preisen als die Dakini,
Deren Leidenschaften ungezügelt, unverstört sind.

Zornig und grausam, mit roten funkelnden Augen,
Zerschmetterst du die starren Schranken der Finsternis.
O laß mich dich preisen, deren wundersamer Zorn
Für den Leidenden der Weg zur Freude ist.

Ich verehrte dich, du einzige Mutter, jedoch
Unsicher und verwirrt fehlte ich,
Dich auf deinen Platz im ewigen Mandala zu setzen.
Vergib mir, verleihe mir deine transzendente Macht.

Dein Gesicht ist heller als Sonne und Mond,
Deine Blicke sind von friedlicher oder zornvoller Liebe,
Aber ich war durch Zweideutigkeit geblendet.
Du bist die Königin des Himmels, denke an mich.

II

Die Gesten deiner Hände zeigten mir ihre Bedeutungen,
Und als du tanztest, klingelten die Glöckchen an deinem
  Gürtel;
Da konnte ich sie nicht wahrhaft deuten –
Jetzt, Dakinis, kommt unter meine Kontrolle.

Immer anwesend, existierst du nicht,
Nur ein Wort veräußert dich, hier mit uns –
Ohne Leib, formlos, Gottheit des Wahren,
Nun können wir die geheime Prophezeiung bekanntgeben.

Unsichtbar bist du die Mutter der Buddhas;
Doch sichtbar ist die Macht der Schöpfung deine Täuschung.
Wie ein Lichtbogen auf dem Mittleren Pfad, führe
Die Boten der Kraft des Körpers zur Freiheit.

Die grausamen Teufel und die unschuldigen Götter
Und das graue Volk, das sich dazwischen tummelt,
Stelle aus diesen Triebkräften eine Schar zusammen.
Befehle den Überfall und leite den Angriff ein.

Halte den Pfad von solchen, die zu unreif sind, frei
Und, ob als menschliches Wesen oder als Göttin,
Teufel oder Vampir, tanze in Verzückung;
Zerschlage für jeden von uns das Dunkel dieses Zeitalters.

Unter den Buddhas bist du eine Vajra-Yogini,
Im Lande des Karma bist du die große Wirtin,
Auf Erden trägst du hunderttausend Namen,
Formlos, machst du doch das Universum aus.

Als unsere Mutter oder als Tochter,
Führe uns dahin, wo wir die Wahrheit erfahren können.

In dem Meer meines Geistes haben sich die Worte zu
Wellen erhoben
Im Gedenken an die Große Königin.
Möge der Ozean denen zugute kommen,
die jenseits der großen See segeln.

Herbst 1965

Tropfsteinberg

Gedichte

Das Viktoria-Denkmal

Im Garten der nach Lust begehrenden Keime
Liegt die Finsternis der Sünde schwer auf des Feldes Krume;
Die Flammen des Zeitalters der Finsternis lodern am Ort
des Schreckens,
Und nur Chögyam ist zurückgeblieben.

Bluttropfen bedecken das Bambusblatt,
Und ein schrecklicher Wind vom Friedhof zerstreut den
Namen der Toten.

Die Laute des Landes hallen schon im Himmel wider;
Nun ist meine Welt nur noch ein Name.

Der Wind heult im dunklen Wald,
Und die kreisenden Vögel haben nichts zum Niederlassen;
Wem kann ich es erzählen, wenn der schöne Pinienbaum
Mit seinen Zapfen splitternd niederkracht?

Der Tod schielt unter der Erde hervor.
An die Liebe der einzig Geliebten denkend
Falle ich zu Boden, und meine Schreie füllen alle Richtungen.

Und O, das weiße Kind mit seiner Mutter mit ihren
Armbändern aus Türkis
Erscheint in einem Augenblick und schreit: "Willkommen,
willkommen."
(Frage immer noch dieselbe Frage bezüglich des Flecks
im Spiegel.)

Hier an diesem fremden Ort steht die Waise nackt
Und bereitet sich vor, ein neues Vaterland zu finden und
zu gründen,
Und leckt den Honig, der aus den glitzernden Waben fließt.

So schön, und doch nicht der Mond,
So hell, und doch nicht die Sonne,
Vollkommener angeordnet als die Sterne am Himmel,
Sah ich das Gesetz des Universums in ihrer Schönheit
Und dich nahm ich zur Freundin, mit Liebe.

Wenn es der Mond am Himmel ist –
Genügt es ganz, deine lächelnde Geste zu zeigen.
Wenn es der Mond in deinem Geiste ist –
Wie dann ist deine lächelnde Geste zu zeigen?

Ich bin nicht stolz,
Ein Einhorn zu sein;
Wenn du dies sorgsam betrachten wolltest,
Könntest du möglicherweise
In deinem Kampf nachlassen.

Auch wenn er der Prinz eines Königreiches ist,
Traue ihm und stelle ihm einige Fragen.
Da er ein menschliches Wesen ist,
Wirst du in der Lage sein, einige Antworten zu erhalten.

Wenn jemand an das Leiden
Des im Herzen stechenden Pfeiles denkt,
Sollte er sich der Geliebten erinnern
Und die Gefühle vergleichen.

Wenn du ein scharfes Schwert hast,
Lerne es, das Leben deines Feindes abzuschneiden.
Wenn du Zweifel hast in deinem Geist,
Wer soll diese Ungewißheit abschneiden?

Was immer aus dem Geist kommt,
Betrachte dies nicht als Dichtkunst.
Wenn die wahre Dichtkunst kommt,
Gibt es solch eine Frage nicht.

Gestern kam ich vom Schlachtfeld zurück,
Seither kann ich ausruhen.
Bitte hoffe nicht, daß ich heute fähig sein werde
Mehr Feinde zu schlagen.

Der Mond geht auf, die Sonne ist untergegangen,
Planeten kreisen in ihrer Bahn,
Doch der Himmel wird sich nicht verändern.
Dies entdecken wir ineinander.
Erhoffe nicht zu viel –
Die Ergebnisse könnten schmerzliche Enttäuschung
  bringen.
Wenn du ohne jeden Zweifel bleibst,
Das ist der wunscherfüllende Edelstein.

Ich habe keinen Namen,
Aber die anderen nennen mich "den Namenlosen".

Wie kann man dem Gefängnis entfliehen
Und die Fesseln der Vorstellung sprengen?

1969

In der Wildnis des Tierparks in Sarnath
Gibt es Klöster und Schreine, Reliquien des Buddhismus.
Ein verirrter Hund findet ein verwundetes Reh in einem
  Schuppen liegen
Und leckt es und versucht, die Wunde zu heilen,
Aber die innere Verletzung kann er unmöglich erreichen
  mit dem automatischen Akt der Zunge.

Schau! Schau! Dort ist ein brennendes Herz;
Die Flammen wie ein Sonnenuntergang oder eine
Sonnenfinsternis,
Das dunkle Rot vom Ende einer Verfinsterung.
Ein gutherziger Mensch läuft zum nächsten Telefon,
Aber es gibt keine Rettung, keinen Arzt, der dieses
körperlose Feuer auslöschen kann.

Obwohl es zumindest mutig ist zu versuchen, sich an das
Herz zu halten,
Ist es doch tieftraurig, daß er es so weit kommen lassen
mußte.

Was ist Mitgefühl? Was ist Liebe?
Wenn der Liebende und die Liebe eins werden in der
Einfachheit der Gegenwart.
Schmerz und Lust liegen noch inmitten eines Bündels
Stahlwolle,
Und Licht und Dunkel liegen mitten im Wehklagen.
Wer hilft? Denn Retter und Opfer brauchen beide Hilfe.

Der Hund versucht geduldig, die Wunde des Rehs aus Sarnath
zu heilen.
Die brennende Sonne trocknet nicht nur Bäume, Pflanzen
und Flüsse aus, sondern auch einen ganzen Kontinent.

Wer wird den Regen machen?
Wer wird die Wolken hervorrufen?
Wo ist die formlose Form des Mitgefühls,
Des Mitgefühls von Avalokiteshvara?

12. März 1969

Wer ist verloren?
Und wer verlor?
In jedem Fall niemals entdeckt;
Aber es verbleibt vollkommene Hingabe.
Es schien nicht nötig herauszufinden, an welchen Gegenstand der Hingabe man sich selbst verhaften sollte.

Im Hochland, wo die wilden Tiere geduldig auf trockenem Gras grasen und einfach abwarten, bis das frische Grün wächst.
Beißender kalter Wind, der mehr ist als Erinnerung,
Mit einem herzlosen, schneidenden Schneesturm.
Wildgänse singen in der Ferne,
Ziellos rennen Fuchs und Schakale umher.
Ein abgehärteter Reisender zu Pferde reitet über den Horizont.
Schöne Dinge, all dies.
Doch durch und durch verlassen.
Es ist äußerst hart, die Inspiration zu sehen, sich an der Szene zu erfreuen.
Aber jemand nahm dies wahr,
Sogar bis zur Bewegung der winzigen Gräser, die vom kalten Wind geblasen wurden.

Völlig berauscht durch dich,
Dieses Sehnen nach Padma Trime.
Es gibt nichts zu verbergen,
Doch kaum etwas zu zeigen,
Denn mein Glaube und meine Hingabe sind jenseits von Worten oder melodischer Klangfolge.
Eine Art, die keiner imstande sein würde zu hören oder zu verstehen.

Es ist schön, mit dieser Einsamkeit aufzuwachsen.
Weil es dein Alleinsein ist, das mich zu selbstlosem Handeln inspiriert und treibt.

Man hört das Echo deiner Stimme.
Man sieht den Ausdruck deines Gesichtes.
Doch wenn ich damit vertraut werde, gibt es kein Sehnen mehr,
Aber das grenzenlose Mitgefühl wird vererbt durch deinen Sohn.
Du wirfst auf mich dies Gewicht.
Ich weiß, ich werde so belastet bleiben,
Bis ich dein Gesicht in mir sehe
Und deine Stimme von überall höre.

Das bist du, Padma Trime:
Geschmückt mit Yogigewändern,
Auf einer Wolke tanzend,
In der Sprache der Dakinis singend –
Du bist Feuer und Wasser,
Du handelst als die Erde und der Raum,
Die das Unendliche ausmachen.

28. März 1969

So viel für die Liebe.
Im Zustand von Meditation und Offenheit
Kommt Dukha;
Leiden ist die Natur des
Samsara.

Der alte Reisende,
Mit der Hilfe seines Stockes stolpernd
Macht er die Pilgerreise.
Nicht jeder Schritt stimmt.
Auf dem wüsten Sand gehend
Schlüpft sein Fuß beim Gehen.
Langsam und lange
Auf der zähen Reise

Hört er das Geräusch
Der Sandkörner,
Doch fest pflanzt er seine Schritte
In den Sand,
So gut er kann.

Natürlich, ich weiß –
Natürlich, es wurde mir gezeigt –
Natürlich, es gibt keinen Zweifel –
Das Spiel der Dakinis ist immer da.

In der Liebe
Fühle ich beides, Schmerz und Lust,
Was ganz klar in der
Natur der Dakinis gesehen werden kann.
Manchmal ist sie langweilig,
Langweilig, weil du voller Hoffnungen bist,
Voller Hoffnungen, daß etwas geschieht.
Manchmal ist sie schöpferisch,
Und dein Herz ist offen
Für Kreativität.
Diese beiden Erscheinungsformen
Werden klar gesehen
Abwechselnd,
Schmerz und Lust gleichermaßen.
Es ist, was ist.
Das ist es, was ich gefunden habe.
Im Schmerz ist keine Krankheit,
Denn Schmerz wird hervorgerufen
Durch schöpferische Kräfte.
Dank den Dakinis.
Dasselbe gilt für die Lust;
Dasselbe gilt für die Liebe.
Liebe ist etwas Starkes,
Etwas Tieferes –

In der Tat ist sie der Fluß
Des Universums.
Ohne Liebe wird nichts geschaffen.

Ich liege als Patient im Bett.
Neben mir der Vierfuß,
Der mir beim Laufen hilft.
Es gibt so viele Freunde,
Die sich danach sehnen,
Ihre Gesundheit für meine Genesung zu geben.
Es ist wieder das Spiel der Liebe.
Hier sehe ich, daß Liebe
Aus beidem besteht, Lust und Schmerz.
Liebe ist der Ausdruck oder die Geste
Sichtbarer Phänomene.
Es ist schmerzhaft, als ob jemand
Meinen Herzschlag kontrolliert,
Als ob jemand mein Herz gestohlen hätte.
Aber darunter liegt Inspiration.
So entdecke ich,
Daß die, welche mein Herz gestohlen hat,
Die wahre Shakti ist,
Die alle Besitzmacht beseitigt.
Die Menschen können für die Liebe sterben
Ganz unfreiwillig.
Menschen, die lieben, sind so mutig.
Schmerz und Lust sind eins in der Liebe,
Denn sie schließt negative Gedanken mit ein,
Besitzdenken,
Vergänglichkeit.
Diese Liebe und die Natur der Liebe
Können niemals geändert werden,
Von niemandem.
Es ist der Tanz der Dakinis.
Es ist der Tanz der Kagyü-Überlieferungslinie.

Wie in der Geschichte Gampopa,
In einem Kloster lebend,
Der Vater der Kagyü-Schule,
Seine drei Hauptschüler losschickte,
Sie tanzen ließ
Und Musik komponieren ließ
Im Zustand der Ekstase.

Ich habe in diesem
Gedicht so viel gesagt,
Aber der Geist eines Dichters
Kann niemals aufhören zu komponieren.
Er identifiziert sich mit dem Spiel der Dakinis
Oder dem von Sarasvati.
Dieses Gedicht ist die Entdeckung
Der Liebe in Mut und Freiheit.
Ruhm sei diesem Gegenstand –
Dichtung.

Newcastle General Hospital
Frühjahr 1969

Das vollkommene Liebesgedicht

Es gibt einen wunderschönen, schneegipfligen Berg
Mit friedlichen Wolken um die Schultern gelegt.
Die umgebende Luft ist voller Liebe und Frieden.
Was dort im Werden begriffen ist, ist was ist,
Das ist Liebe.

Es ist nicht furchtbar, in den unermeßlichen Raum der
Liebe zu springen.

Sich verlieben?
Oder: bist du verliebt?
Solche Fragen können nicht beantwortet werden.
Denn in diesem Frieden allesdurchdringender Gegenwart
Verliebt sich niemand, und niemand ist verliebt.
Niemand wird durch einen anderen in Besitz genommen.

Ich sehe einen wunderschönen Spielplatz.
Einige würden ihn Himmel nennen,
Andere würden in ihm die Falle der Hölle sehen.
Doch mir, Chögyam, ist es gleich.
Auf dem Spielplatz sind wunderschöne Dakinis mit
  Handtrommeln, Flöten und Glocken.
Einige, die tanzen, tragen offene Flammen, Wasser,
  eine Nachtigall
Oder den ganzen Erdball mit den Galaxen darum.
Diese Dakinis können ihren Tanz des Todes oder der Geburt
  oder der Krankheit vollführen,
Ich bin noch immer berauscht von Liebe.
Und mit dieser Liebe beobachte ich, wie sie sich im Kreis
  bewegen.
Diese Vorführung ist allesdurchdringend und universell,
So kann man den tiefen Klang des Mantra
Als wundervolles Lied der Dakinis hören.
Unter ihnen ist die Dakini mit einem Auge,
Ihr türkisfarbenes Haar wird sanft vom Wind geblasen.
Sie schickt ein Liebeslied, und so klingt das Lied:
  HUM HUM HUM
  Wenn es keine Freude der Mahamudra in der Form gäbe,
  Wenn es keine Freude der Mahamudra in der Rede gäbe,
  Wenn es keine Freude der Mahamudra im Geist gäbe,
  Wie würdest du verstehen,
  Daß wir Dakinis Mutter, Schwester, Mädchen und Frau
    sind?
Und sie ruft mit einer solch durchdringenden Stimme:

Komm, komm, komm
HUM HUM HUM
Schließe dich dem EH- und VAM-Kreis an.

Da wußte ich, ich mußte mich dem Tanz ausliefern
Und dem Kreis der Dakinis zugesellen.
Wie zwei Flüsse, die zusammenfließen, treffen sich
EH das Weibliche und VAM das Männliche
Im Kreise des Tanzes.

Unerwartet wurde ich angenommen.
als ich mich für die Liebe öffnete.
Daher gab es kein Fragen, kein Zögern,
Ich bin völlig eingetaucht in das allmächtige, das freudvolle Dakini-Mandala,
Und hier fand ich die unerschütterliche Überzeugung, daß Liebe universal ist.
Fünf Chakras des Körpers sind voll von Liebe,
Liebe ohne Fragen, Liebe ohne Besitzenwollen.

Dieses Lieben ist das Muster der Mahamudra, universelle Liebe.
So tanze ich mit den achtzig Siddhas und zweitausend Aspekten der Dakinis,
Und ich will tanzen, die Last des Kreuzes tragen.
Keiner hat mich verlassen.
Es ist ein solch freudiger Liebestanz, mein Partner mit mir vereinigt.

So bläst die klare friedliche Bergluft
Sanft die Wolken,
Ein schöner Seidenschal darum gewunden.
Die Himalayas mir ihren hohen Schneespitzen tanzen
Und verbinden sich im Tanz mit meinem Rhythmus
Und verbinden sich mit der Stille, der allerwürdigsten Bewegung.

6. August 1969

Life   Was as it WAS

moon

me

rock

rock   grassssssssssssssssss windgrass

rock

but it's cold   cooooooooooooooooooooool ling

and rockieeeeesssssssssssssssssss but waterrrrrrrrrr

Vergangenheit und Gegenwart

Wenn du der König eines leeren Feldes bist,
Brauchst du keine Königin.
Wenn du ein Irrer in den verlassenen Bergen bist,
Brauchst du keine Stadt.

Als ich dich gestern traf,
Trugst du ein rotes Kleid.
Als ich heute mit dir sprach,
Wärest du besser unmaskiert gewesen.

Ich wurde nackt geboren,
Meine geliebten Eltern gaben mir liebevoll einen Namen.
Als ich zwanzig wurde,
Dachte ich, 'ein Name ist eine Kette,
Von der ich freikommen will'.
Wen ich auch frage,
Keiner antwortet mir.
Wenn ich den Wind in den Pinien höre,
Bekomme ich Antwort.

9. August 1969

Früh nach draußen

Steh auf, heute!
Die Sonne strahlt hell.
Höre, du bist die Essenz meines Herzens,
Das Gute im Leben.
Ich lade dich ein – steh auf heute.

Heute ist schnell vergangen –
Morgen wird kommen.
Bitte gib deine Hoffnung nicht auf,
Daß wir Zeit haben werden,
Glück und Kummer zu kosten.

Wenn du der Mond im Himmel bist,
Zeige mir dein Gesicht als Vollmond.
Wenn dies die Sommerzeit ist,
Zeige mir die Rhododendronblüten.

Auf dem Spiegel des Geistes
Können viele Reflexionen stattgefunden haben.
Dennoch, das Gesicht des Geliebten
Kann nicht verändert werden.

Wenn das Herz ein Muster hat,
Kann da keine Veränderung stattfinden.
Wird die Sonne morgen aufgehen?
Es ist unsinnig, solche dummen Fragen zu stellen.

Ob die Sonne aufgeht oder nicht,
Ich mache keine Unterschiede.
Ich sorge mich nur um dich –
Daß in deinem Herzen die echte Sonne aufgehen soll.

Wenn sie meine teure Geliebte ist,
Sollte sie 'eine, die mein Herz gestohlen hat' heißen.
Der Tanz sichtbarer Phänomene – ein Trugbild.
Wird dies durch dich vollzogen?

Wenn ich in der Höhle meditiere,
Wird der Fels durchsichtig.
Als ich die richtige Gefährtin traf,
Wurden meine Gedanken durchscheinend:

Teure Geliebte,
Mit welcher mein Karma verbunden ist,
Ich konnte niemanden als dich finden.
Der Wind des Karma ist eine Kraft
Außerhalb meiner Kontrolle.
Dies gute Streben und Karma
Kann man unmöglich ändern.
Turbulenz, Wasserfall von Kong Me –
Niemand kann es aufhalten.

Wenn ich mich an die teure Geliebte erinnere,
Ist darin weder Scheu noch Furcht;
Majestätische Dakini, die du bist –
Dies muß mein gutes Karma sein.

1969

Ich habe keine Hoffnung oder Erwartung,
Doch ein Wunsch ist erfüllt worden,
So wie die Schneeflocken im Winter
Zu achtblättrigen Blumen werden.

Du bist die Königin.
Du erzeugst
Hungersnot, Krieg und Krankheit
Und auch Glück.
Ich erbiete dir den Gruß.

Die Königin muß bezwungen werden,
Wie es in der Vergangenheit getan wurde.

Ich sehe dich durch die Wolken blinzeln
Mit deinem einen Auge.
Du gibst vor, deinen Namen zu verbergen,
Aber ich weiß, dein Name ist
Ekājati.

Komm, nimm das Fest an, das ich gebe,
Nimm teil am Tanz zusammen mit den anderen Dakinis.
Ob du dich manifestierst
Als schlimmer Dämon
Oder als Beschützerin,
Du hast allzeit nur eine Form.

Warum, warum mußt du solche Reaktion zeigen?
Ich weiß, weil du eine rote Hure bist,
Die nur das eine will.

Erinnerst du dich an die Botschaft von Padmasambhava?
In eben diesem Augenblick legte er seinen Vajra auf dein Haupt.
Er tauchte dich in den kochenden See
Und zeigte deine wahre Form,
Ein nacktes Skelett.

Ich bin der Nachfolger von Padmakara,
Wie du genau weißt.
Zeit hat damit wenig zu tun.

Bitte verwickele dich nicht in der Drahtwolle,
Bitte verirre dich nicht in der leidenschaftlichen Flamme.
Denke an deinen Eid.
Am Schluß
Werden du und ich eins,
Doch das ist keine Bedrohung deiner Existenz.

Komm, komm, Ekājati,
Beuge dich mir,
Beuge dich meiner Weisheit.

2. November 1969

Du versteckst dich in der Finsternis,
Du versteckst dich im Strahlen des Sonnenlichtes.
Dein eines Auge erscheint
Wie eine Sonnenfinsternis.
Du bringst dein ganzes Gefolge mit dir;
Die schrecklichen Dämonen,
Das verführerische Mädchen.
Einige reiten auf Rentieren
Und halten ihre Vajrazepter,
Herz und Leichnam.
Einige reiten auf Garudas.
Einige reiten auf Schwänen
Und lassen Blüten regnen.

Du trägst Säcke von Gift,
Die das ganze Universum vernichten könnten.
Du trägst auch den kristallenen Behälter
Des Medizinelixiers, das
Die Krankheit aller menschlichen
Wesen gesund machen könnte.
Du erscheinst als schrecklicher Dämon
Und als Beschützerin.

Ich, Chögyam, habe keine Angst,
Welche Gestalt du auch annimmst,
Denn ich habe dich in jeder möglichen Form geschaut.

Nimm meine Opfergaben an,
Folge meinen Anweisungen,
So wie Padmakara dich unterwarf
Auf dem Paß des Berges Hepo
In Samye.

Ich bin Padmakaras Nachkomme;
Nicht dein Wunsch ist es, der zählt.
Es ist an der Zeit für dich, dich unterzuordnen

Und die Wünsche meines Werkes zu erfüllen,
Wie du es in Samye getan hast.

Ich kenne deinen Ursprung,
Aus einer Eisenbeule geboren.
Ich kenne deine unheilvollen Taten.
Ich habe dein geheiligtes Herz-Mantra
Und deine Worte des Versprechens
In Padmakaras Gegenwart.
Sei meine Schwester
Oder meine Mutter oder mein Mädchen.
Stör mich nicht mehr.
Dies ist der Befehl
Von Vidyadhara.

Die Dakinis als die
Universelle Kraft verstehen,
Heißt die wahre Kraft
In deinem Geist verstehen.
Sie ist ungeboren, ungeschaffen.
Verstehe dies.

3. November 1969

Wenn ich die Welt beschaue,
Sehe ich eine einzige Chrysantheme,
Einsame Verlassenheit,
Und der Tod nähert sich.

Von Guru und Freund verlassen
Stehe ich wie ein einsamer Wacholder,
Der zwischen den Felsen wächst,
Hart und steif.
Einsamkeit ist meine Gewohnheit –
Ich wuchs auf in Einsamkeit.

Wie ein Rhinozeros
Ist Einsamkeit mein Gefährte –
Ich unterhalte mich mit mir selbst.
Doch manchmal kommt auch,
Einsamer Mond,
Traurig und froh
Zusammen.

Vertraue nicht.
Wenn du vertraust, bist du
In den Händen anderer.
Es ist wie der einsame Yak,
Der die Wölfe schlägt.
Herden geraten in Panik, und beim Versuch zu fliehen
Werden sie angegriffen.
Wenn du in der Einsamkeit bleibst,
Kannst du niemals geschlagen werden.
Vertraue daher nicht.
Denn Vertrauen bedeutet, sich selbst aus der Hand zu geben.
Vertraue niemals, niemals.

Aber sei freundlich.
Wenn du anderen gegenüber freundlich bist,
Vermehrst du dein Nicht-Vertrauen.
Der Gedanke ist, unabhängig zu sein,
Nicht verstrickt,
Nicht an andere angeleimt, könnte man sagen.
So wird man immer mehr
Mitfühlend und freundlich.
Was immer geschieht, stehe auf eigenen Füßen
Und erinnere dich dieser Zauberformel:
Vertraue nicht.

25. November 1969

Rotes Glühen im Westen
Geräusch von Regentropfen –
Welch seltsames Wetter
Und auch ein Regenbogen.

Freiheit,
Freiheit von Grenzen,
Freiheit von der Ordnung,
(Exakte Muster, ganz sorgfältig ausgearbeitet),
Freiheit von mathematischer Psychologie
Und Logik.
Das Banner des Wahren und Freien
Weht in der Luft des Mittleren Weges.
Es ist irgendwie heilsam,
Gesund wie der energievolle Tiger
Oder Löwe.
Knurre,
KNURRE –
Wunderschöne spitze Zähne
Demonstrieren Unbesiegbarkeit.
Ich, Chögyam, beschaue all dies
Von der Krone einer Pinie,
Die sich im Wind biegt –
Ganz heiter und gelassen.

16. Dezember 1969

Dreiklingiges Wurfgeschoß
Zum Himmel schnellend –
Wrumm,
Bäng, Bäng!
Es verläßt den Boden.

Es ist die Manifestation des Hasses
Auf die ganze Welt,
Haß auf dieses ganze Sonnensystem.
Wer ist das Opfer?
Wer ist der Sieger?
Es ist höchst ironisch –
Während andere weiterleben
In solch einem Luxus.
Es muß da eine Kraft von
Wahrheit und Gerechtigkeit geben –
Diese Worte sind abgenützt worden.
Doch mit der Kraft der wahren machtvollen Natur
Wird die vollkommene Situation da sein,
Die ungeordnet ist,
Inspiriert durch den Schüler, der nicht vorbestimmt
wird.
So ist die Welt nicht ganz und gar pechschwarz –
Es gibt ein wenig Harmonie,
Und in dieser Harmonie leben wir.
Wir sind inspiriert worden,
Doch sind wir weder Anarchisten
Noch Revolutionäre
In blindem Sinn.
Liebe euch allen.

17. Dezember 1969

Der Weg des Buddha

Den verborgenen Weg des wunscherfüllenden Edelsteins
gehend,
Der in das Reich des Himmelsbaumes, des unwandelbaren,
führt.
Löse die Zungen der Stummen.
Halte an den Strom des Samsara, des Glaubens an ein Ich.
Erkenne deine eigene Natur, wie eine Mutter ihr Kind.

Dies ist transzendente Bewußtheit, ihrer selbst bewußt,
Jenseits des Pfades der Rede, keines Gedanken Objekt.
Ich, Tilopa, habe nichts, auf das ich weisen kann.
Ich kenne es als Zeigen in sich selbst auf sich selbst.

Stelle dir nichts vor, denke nicht, überlege nicht,
Meditiere nicht, handle nicht, sondern bleibe im Zustand
der Ruhe.
Sei nicht mit einem Gegenstand befaßt.
Geistigkeit, aus sich selbst existierend, strahlend,
Wo keine Erinnerung dich aus der Fassung bringt,
Kann nicht als ein besonderes Ding bezeichnet werden.

Von Tilopa, übersetzt von Herbert V. Guenther
in: The Life and Teaching of Naropa

Der Pfad der spirituellen Entwicklung in der buddhistischen Tradition wird durch Yanas oder Fahrzeuge beschrieben. Auf jeder Stufe auf dem Pfad werden bestimmte Methoden angewendet, um den Meditierenden oder Yogi zur nächsten Stufe zu bringen. In diesem Kapitel beschreiben wir kurz alle neun Stufen der psychologischen Entwicklung und die entsprechenden Yanas, um sie zu durchlaufen; in der Hoffnung, daß etwas Einblick in die Feinheit und Tiefe wie auch in die Logik der damit verbundenen Erfahrungen die Menschen inspirieren wird, dem Pfad weiterzufolgen oder ihn zu betreten. Wir hoffen, diese Beschreibung wird auch jenen zur Vorsicht dienen, die übereifrig oder selbstzufrieden sind. Es sollte allen, die es lesen, klar sein, daß ein kompetenter Führer notwendig ist, da die Tendenz zum Selbstbetrug mit dem Fortschreiten auf dem Pfad immer gefährlicher wird.

Alle buddhistischen Traditionen in Tibet enthalten die Drei Yanas (die neunmal unterteilt sind): Das Hinayana oder 'Kleines Fahrzeug', es enthält Shravakayana und Pratyekabuddhayana; das Mahayana oder 'Großes Fahrzeug', auch als Bodhisattvayana bekannt; und die sechs Yanas des Vajrayana – Kriya, Upa, Yoga, Mahayoga, Anu und Ati.

Keiner kann sich ohne die Vorbereitung des Hinayana auf den Pfad begeben: ohne daß er die entwicklungsmäßigen Neigungen ausbildet, die Bereitschaft für den Pfad. In diesem Sinne könnte man die Lehren geheim nennen, denn wenn einer nicht bereit ist für die Lehren, würde er nicht in der Lage sein, sie zu hören: sie sind in sich geheim.

Die erste Bekanntschaft mit dem Dharma stellt sich mit dem Shravakayana ein – das heißt, das Lauschen auf die Lehren und das Anhören der Lehren über die Vier Edlen Wahrheiten. Der Schüler hört die offensichtlichen Probleme des Lebens, das augenscheinliche Vorhandensein von Leiden, und er wird inspiriert, weiterzusuchen, um die Ursache des Schmerzes zu finden. Er ist inspiriert, einen Meister zu suchen, der ihm den Weg zeigen kann, die Qual zu sehen, wie sie ist, ihre Ursache und das Verstehen des Leidens als Weg. Der Schüler mag die Auferlegung des Achtfachen Weges meistern und so weiter, bis er zum Pratyekabuddhayana kommt, dem zweiten Teil des Hinayana.

Im Pratyekabuddhayana wird umgekehrt gearbeitet; man setzt den Verstand ein, vom Tod zur Unwissenheit, und kommt so zum Ende der Verwirrung. Dennoch gibt es da noch eine Neigung zur Isolation, indem der Schüler mit seiner eigenen Welt noch immer verwickelt ist, mit seiner eigenen Erfahrung der Verwirrung oder deren Abwesenheit. Und daraus folgt, daß die Meditationspraxis dieses Yana völlig auf die Einfachheit des Jetzt ausgerichtet ist. Der Schüler diszipliniert sich, ständig im Jetzt zu sein. Dies stimmt bei der Shamatha-Praxis der alles andere ausschließenden Bewußtheit ebenso wie bei der Vipassana-Praxis der panoramahaften Bewußtheit.

Dann nähert man sich mit zunehmender Vipassana-Erfahrung dem dritten Yana, dem Bodhisattvayana, wo die Selbstbewußtheit des Individuums aufgegeben wird für die Selbstlosigkeit des Bodhisattva-Ideals. Hier liegt die Arbeit in den mitfühlenden Taten des Bodhisattva, Mitgefühl als Akt intensiver Wärmestrahlung, Strahlung ohne Strahlensender. Das ist ganz einfach die Anwendung der Sechs Paramitas des Bodhisattva, die Handlungsweise des Nirmanakaya-Buddha.

Aus diesem Verhalten entwickelt man das transzendente Wissen der Ichlosigkeit. Hier gibt es nicht mehr die karmischen Kettenreaktionen, mit denen man sich im vorangegangenen Yana noch befaßt hat. Der zweifache Schleier der widerstreitenden Emotionen und falschen Meinungen über die Realität ist gerissen – was ebensogut heißen könnte, daß man nicht mehr an die Existenz eines individuellen 'Ich' glaubt und daß die Begriffsbildungen, die dieses 'Ich' auf die reale Welt anwandte, nicht mehr existieren. Diese Entdeckung – Abwesenheit von Dualität und Begriffsbildung – wird Shunyata oder Nichts genannt. Wenn die Mauer zwischen *Diesem* und *Jenem* beseitigt wird, ist die Sicht von *Jenem* klar und genau.

Aber schließlich kann die Erfahrung von Shunyata an diesem Punkt nicht als nichts bezeichnet werden, weil noch etwas Selbstbewußtheit da ist, gebunden an die Erfahrung, insofern die Abwesenheit der Dualität so deutlich ist. So ist es die zehnte Stufe auf dem Bodhisattva-Pfad, wo man den 'Tod' des Shunyata und die 'Geburt' in den Glanz erfährt. Shunyata als Erfahrung fällt weg, und der Bodhisattva sieht nicht nur, daß die Schranke wegfällt, sondern er schaut auch weiter in die glanzvolle Qualität von *Jenem*, was der Glanz des Prabhasvara der Bodhisattva-Erfahrung genannt wird.

Aber sogar die Wahrnehmung dieser Erfahrung ist eine Fußangel, und die mächtige Waffe des vajragleichen Samadhi ist notwendig, um den Bodhisattva in den Zustand zu bringen, in dem er der Weisheit näher ist, als sie nur als Entdeckung von außen zu kennen. Das ist der Moment des *Bodhi* oder des *Erwachens*. Wenn man diese Kenntnis der Weisheit als etwas Äußerliches hat, ist die erste Entdeckung die von klar sichtbaren Energien – dem Mandalaspektrum. So ist die Erfahrung des vajragleichen Samadhi der Tod des Glanzes als äußeres Erleben und die Geburt in den Sambhogakaya, den Eingang zum Vajrayana.

Hier brechen die Farben durch, ebenso die Formen und Bewegungen, bis der Punkt erreicht ist, wo kein Platz mehr ist für ein Fleckchen Schmutz. Die Wahrnehmung der Energien ist zum erstenmal so intensiv und überwältigend, daß man ungeheuer beeindruckt ist von ihrer Reinheit. Hier betrachtest du dich als Diener, aus eben dem Grund, daß du überwältigt bist von der Reinheit des Universums. So versuchst du tausend Kommunikationsarten mit dem Universum durch körperliche Reinheit, Mantras und Mudras.

Die Wahrnehmung der Welt als Energien ist Tantra, und die Grundanschauung der tantrischen Haltung gegenüber universellen Energien ist, sie als Dakiniprinzip zu sehen. Das heißt, die Dakinis repräsentieren die schöpferisch-zerstörerischen Muster des Lebens. Im Kriyayana wird man überwältigt durch die strahlende Reinheit der Energien. Wenn diese Erfahrung der Reinheit wegfällt, steht man am Eingang des nächsten Yana, des Upayana.

Das Upayana ist sozusagen ein Übergangsyana, insofern als es in seiner Anwendung vom Kriya- und Yogayana abhängig ist. Statt ein reines Universum zu sehen, wird man sich der schöpferisch-zerstörerischen Aspekte der Energien bewußt. Dies ist die Meditation des Yogayana, während man noch die Übungen des Kriya anwendet. Hier beginnt man den tantrischen Begriff des Intellektes zu entwickeln. Hier realisiert man sozusagen die wundersamen Kräfte der Geburt der Energien, und so blickt man vorwärts, da man annimmt, daß noch mehr Wunder kommen werden. Eine solche Intellektualität auf der Vajraskala bringt automatisch das Hindernis einer Sehnsucht nach einem höheren Ziel, wie die 'acht großen Wunder' usw. Aber hier kann kein Hindernis im Weg stehen, denn das tantrische Wissen des Kriya- und Upa-Yana stützt sich auf den erwachten Geisteszustand der Mahamudra. Mahamudra bedeutet das große Symbol, symbolisches Bild oder Schauspiel, in der Weise, daß man das Universum auf seiner absoluten Stufe sieht. Diese Wahrnehmung ist so intensiv, daß alles Anhaften und Sehnen nur zeitbedingt ist. Da dieses Absolute in Relation zu dem zu ihm Hinstreben bestehen könnte und dies auch tut, kann die Anwendung dieser tantrischen Methoden beschrieben werden durch das Bild eines Flusses, der dem Süden entgegenfließt – es erweist sich, daß dort ein mächtiger Ozean ist.

Das nächste ist das Yogayana. Hier ist die Wahrnehmung des Dakiniprinzips so genau, daß das Universum als dreifaches Mandala gesehen wird – die äußere Situation, der physische Körper und der Zustand der Bewußtheit. Alle diese Elemente sind gleichmäßig Teile von *Jenem*. In diesem Yoga erreicht man die vier Mudras: Was immer du siehst ist spiegelgleiche Weisheit, was immer du hörst ist unterscheidende Weisheit, was immer du fühlst ist Weisheit des Gleichmuts, was immer du wahrnimmst ist allesvollendende Weisheit. Diese spontane vierfache Weisheit zerstreut die Grenzen zwischen Zentrum und äußerem Rand des Mandala; daher gibt es hier weniger unterscheidende Bewertung des Mandala. Hier beginnt die Mahamudra-Erfahrung sich zum Maha Ati zu entwickeln. Das ist der Eingang zum Dharmakaya.

Hier beginnt der Mahayogayana mit der Vereinigung der großen Freude, Mahasukha. Solch ein Durchbruch mit einer Abwertung von Zentrum und Projektion bringt Erleichterung, so daß der Vajra-Intellekt des Yogayana nicht mehr länger ein Druck ist. Dies bringt die Freude der Einheit und die Ati-Qualität der Offenheit, so daß alles, was wahrgenommen wird, der Ausdruck des ursprünglichen, achtfachen Mandala ist, das von der Sicht des Kriyayana aus nicht gesucht zu werden braucht. Wenn man diesen offenen Raum gesehen hat, wie bereits gesagt, wenn die Dämmerung des Vajrasattva aufbricht, dann hat man eine vollkommene Sicht der acht geheiligten Mandalas der acht Herukas. Die Wahrnehmung des Mandala löst sich auf in die völlige Entwertung dessen, was ist. Das ist der Eintritt in den Anuyoga.

Mit dem Durchbruch der Nadis und Chakras innerhalb des Körpers fängt man an, die Einheit von Raum und Weisheit zu sehen, das ist die nicht-substantielle Qualität von Weisheit und die nicht-substantielle Qualität des Wahrnehmenden. Sogar der Begriff der Einheit löst sich auf, und man beginnt, den Vajra-Stolz zu entwickeln, ein Heruka zu sein; diese Anerkennung des Selbst als Heruka ist unbedeutend. Man fängt an, die beiden Erfahrungen des Ungeborenen und Ungezeugten wahrzunehmen, was zu der nächsten Erfahrung des Maha Ati führt.

Die Schärfe der inneren Einsicht und die Erkenntnis, weise zu sein, sind vereinigt. An diesem Punkt ist die ikonographische Wahrnehmung der Herukas und Dakinis selbst-befreiend. Sogar die pulsierende Kraft der Energie ist zerstreut in das, was als Vajra-Kette bekannt ist. Mit anderen Worten, die Erkenntnis der Freiheit selbst ist befreit worden, so daß die echte Wahrnehmung des Dharmakaya extrem realistisch gesehen wird, so stark, daß jede Frage beantwortet wird.

Das ist das Ende der Reise, die nie gemacht zu werden brauchte. Dies ist das nahtlose Gewebe dessen, was ist.

Die 10 Bilder von Ochs und Hirte

Ich habe beschlossen, die zehn Bilder von Ochs und Hirte anzufügen, eine bekannte Zen-Darstellung der Geistesschulung; sie ist so grundlegend, daß sie für alle buddhistischen Schulen als Grundstein angesehen werden kann. Von einer tieferen Sichtweise aus gesehen ist sie die spirituelle Entwicklung vom Shravakayana zum Maha Ati. In der tibetischen Tradition gibt es die Analogie der Elefantenbilder, aber sie beziehen sich nur auf die Praxis des Shamatha. Der Symbolgehalt reicht nicht weiter als bis zum Reiten des Elefanten. In den Ochsenbildern kommt der evolutionäre Prozeß der Zähmung des Ochsen der Sicht des Vajrayana von der Transmutation der Energie sehr nahe. Besonders die Rückkehr in die Welt als Ausdruck des Mitgefühls des Nirmanakaya zeigt, daß die letzte Verwirklichung des Zen automatisch zur Weisheit des Maha Ati führt.

1. Die Suche nach dem Ochsen

Die Inspiration für diesen ersten Schritt, der die Suche nach dem Ochsen ist, ist das Gefühl, daß die Dinge nicht in Ordnung sind, irgend etwas fehlt. Dieses Gefühl des Verlustes erzeugt Leiden. Du wirst nach irgend etwas Ausschau halten, was die Situation richtigstellt. Du stellst fest, daß der Versuch des Ego, eine ideale Umgebung zu schaffen, unbefriedigend ist.

一 尋牛

2. Entdecken der Spuren

Indem du den Ursprung verstehst, findest du die Möglichkeit, das Leiden zu transzendieren. Das ist die Wahrnehmung der Vier Edlen Wahrheiten. Du siehst, daß das Leiden aus den vom Ego geschaffenen Konflikten entsteht, und entdeckst die Fußspuren des Ochsen, die deutliche Zeichen des Ich in allen Geschehnissen sind. Du wirst eher durch unfehlbare und logische Schlüsse inspiriert als durch blinden Glauben. Dies entspricht dem Pfad des Shravakayana und Pratyekabuddhayana.

二 見跡

3. Entdecken des Ochsen

Du erschrickst beim Entdecken des Ochsen, und dann fragst du dich, in Anbetracht dessen, daß dies kein Wunder mehr ist, ob er auch wirklich da ist; du nimmst seine unsubstantielle Form wahr. Du gibst den Gedanken an subjektive Kriterien auf. Wenn du anfängst, diese Wahrnehmung der Nicht-Dualität zu akzeptieren, entspannst du dich; denn du brauchst nicht mehr die Existenz deines Ego in Schutz zu nehmen. Dann kannst du es dir leisten, offen und großzügig zu sein. Du beginnst, einen anderen Weg des Umgangs mit deinen Projektionen zu sehen, und das ist Freude an sich, die erste spirituelle Stufe der Vervollkommnung des Bodhisattva.

三
見牛

4. Einfangen des Ochsen

Indem du einen Schimmer von dem Ochsen siehst, findest du, daß Großzügigkeit und Disziplin nicht ausreichen, um mit deinen Projektionen umzugehen; denn du mußt noch völlig deine Aggressionen transzendieren. Du mußt die Präzision geschickter Mittel anerkennen und die Einfachheit, die Dinge zu sehen wie sie sind, in Verbindung mit voll entwickeltem Mitgefühl. Die Unterjochung der Aggression kann nicht in einem dualistischen Rahmen vollzogen werden – völlige Auslieferung an den mitfühlenden Pfad des Bodhisattva wird verlangt, was die Weiterentwicklung von Geduld und Energie ist.

四

得牛

5. Zähmung des Ochsen

Ist der Ochse einmal gefangen, wird seine Zähmung erreicht durch meditative panoramahafte Bewußtheit und die scharfe Peitsche des transzendentalen Wissens. Der Bodhisattva hat die transzendentalen Handlungen erfüllt (paramitas) – ohne bei irgend etwas zu verweilen.

五 牧牛

6. Heimritt auf dem Ochsen

Es gibt keine Frage der Suche mehr. Der Ochse (Geist) gehorcht schließlich dem Meister und wird schöpferische Aktivität. Das ist der Durchbruch zum Zustand der Erleuchtung – dem vajragleichen Samadhi der elften Bhumi. Mit der Entfaltung der Mahamudra-Erfahrung wird der Glanz und die Farbe des Mandala zu Musik, die den Ochsen heimführt.

六 騎牛歸家

7. Der Ochse ist transzendiert

Selbst diese Freude und Farbe wird unwichtig. Das Mahamudra-Mandala der Symbole und Energien löst sich auf in Maha Ati durch das völlige Wegsein der Idee von Erfahrung. Es gibt keinen Ochsen mehr. Die verrückte Weisheit ist mehr und mehr deutlich geworden, und du gibst völlig die Ambition auf zu manipulieren.

七 忘牛存人

8. Der Ochse und das Selbst sind transzendiert

Hier ist beides fort, Streben und Nichtstreben. Es ist das nackte Bild des uranfänglichen Buddha-Prinzips. Dieser Eintritt in den Dharmakaya ist die Vervollkommnung des Nichtbeobachtens – es gibt kein Kriterium mehr, und das Verstehen des Maha Ati als die letzte Stufe wird vollkommen transzendiert.

八 人牛俱忘

9. Erreichen des Ursprungs

Da schon solch ein Raum und solche Offenheit und das völlige Fehlen von Furcht vorhanden sind, ist das Spiel der Weisheiten ein natürlicher Prozeß. Die Quelle der Energie, die nicht gesucht werden muß, ist da. Es ist so, als wärest du eher reich, als daß du durch irgend etwas anderes bereichert würdest. Denn dort ist der grundlegende Raum ebenso wie die grundlegende Wärme, die Buddha-Aktivität des Mitgefühls ist lebendig, und daher ist alle Kommunikation kreativ. Es ist eine Quelle im Sinne eines unerschöpflichen Schatzes von Buddha-Aktivität. Das ist der Sambhogakaya.

九 返本還源

10. In der Welt

Nirmanakaya ist der vollerwachte Zustand des In-der-Welt-Seins. Seine Handlung ist wie der Mond, der sich in hundert Wasserpfützen spiegelt. Der Mond hat nicht den Wunsch, sich zu spiegeln, aber dies ist seine Natur. In diesem Zustand geht man mit der Erde um in letztendlicher Einfachheit, indem transzendierend jedwelchem Beispiel gefolgt wird. Es ist der Zustand der vollkommenen Loslösung oder des "alten Hundes". Du zerstörst, was immer zerstört werden muß, du unterwirfst, was immer unterworfen werden muß, du umsorgst das, was immer deiner Sorge bedarf.

十 入鄽垂手

昭和辛卯夏
富吉郎
画並刻摺

Glossar der Fachbegriffe

Bodhisattva – *Bodhi* bedeutet erwachter Zustand des Geistes, *Sattva* bedeutet Sein oder Essenz, in dem Sinne, daß man ohne Zögern ist. Ein Bodhisattva hat sich dazu bekannt, dem Weg des Mitgefühls und der Vervollkommnung der sechs Paramitas zu folgen. Das Charakteristische des Bodhisattva ist, daß seine Handlungen nicht auf ein Zentrum oder Ich bezogen sind; er verweilt nicht in der Versunkenheit einer Meditation, die ohne Klarheit oder Inspiration ist.

Dakini – das weibliche Prinzip, das mit Weisheit assoziiert ist. Man findet viele Hinweise auf *Prajnaparamita* als die Mutter der Buddhas. Es ist reines Wissen, scharfe Intelligenz, die Chaos oder Harmonie erzeugen kann. So hat Nagarjuna davor gewarnt, daß ein falsches Verständnis von *Prajnaparamita* oder *Shunyata* tödlich ist, weil die Aufregung über theoretische Entdeckungen sich nicht in Harmonie mit grundlegender Energie befindet, ganz besonders dann, wenn diese Energien mißbraucht werden. Aber wenn eine Verbindung stattfindet zwischen Wissen und intuitiven rechten Mitteln zusammen mit der Vervollkommnung der sechs Paramitas, dann ist alles Buddha-Aktivität; der Tanz beginnt.

Denken – ist die Produktion des neurotischen Ego. Dennoch manifestiert es sich manchmal als Funken der Intelligenz. Es zeigt sich oft als das Rückspulen von Emotionen und Erinnerungen. Es ist weitgehend entweder diskursiv oder in bildlicher Form. Gedanken haben nur dann Macht, wenn man von ihnen fasziniert ist. Bewußtsein ist eine Tendenz der dualistischen Projektion, welche die Unterscheidung zwischen Subjekt und Objekt herstellt. Das Unterbewußte ist das zugrundeliegende Geschwätz.

Ego – So etwas wie eine zentralisierte Einheit als Ego gibt es nicht. Ego ist das Produkt verschiedener Mißverständnisse, die endgültige Panik verursachen. In den verschiedenen Graden geistiger Differenzierung reicht es vom Affenverstand bis hin zu weit fortgeschrittenen wissenschaftlichen Vorgehensweisen, die bezwecken, sich selbst unter Beweis zu stellen. Wenn man Experte wird in diesem Spiel, ständig eine grundlegende Sicherheit zu entwickeln, dann tendiert man instinktiv dahin, sich über die Gesetze der Wirklichkeit zu täuschen. Die grundlegende Neigung besteht darin, alles in einem Bezug zum fiktiven Selbst zu sehen.

Eh – Keimsilbe für den allesumfassenden Raum, den Mutterleib, der alle Formen der Schöpfung hervorbringt, das Mutterprinzip. Es ist Passivität oder Leerheit.

Ewigkeitsknoten – Symbol der Meditation oder des Geistes des Erleuchteten. Es ist die nie endende unterscheidende Bewußtheit der Weisheit. Es ist der Zustand des vollkommenen Wahrhaftigseins, ein beständiger Fluß ohne Anfang und Ende.

Garuda – Symbolischer Mythenvogel, der in der Ikonographie verwendet wird. Nach der Geschichte des Garuda oder himmlischen Falken nistet er im wunscherfüllenden Baum des Lebens, ist im Ei schon voll ausgewachsen und unterwirft die Lasterhaftigkeit der *Nagas* (Symbol für die morastgleiche Eigenschaft der Leidenschaft). Da er von Geburt an erwachsen ist, zeigt er absolute Zuversicht an.

Guru – Lehrer. Er ist weiterhin auf der Suche. Solange er seine Grenzen nicht überschreitet, kann er anderen Menschen spirituelles Wissen mitteilen. Ein Guru muß so geartet sein, daß er seine Schüler auch als Lehrer ansieht, und dann entsteht echte Kommunikation und Beziehung. Wenn wahre Kommunikation entstanden ist, erfolgt eine Begegnung der Herzen jenseits von dualistischen Konzepten: Wenn ein Schüler die 'Flitterwochen' mit seinem persönlichen Guru hinter sich gebracht hat, beginnt er zu erkennen, daß der Guruaspekt eine sehr wichtige Rolle im Alltag spielt. Er beginnt, die farbenprächtige, dramatische und erschreckende Darstellung der Lehre des Guru in allem wahrzunehmen. Der Guru gibt dem Schüler dessen eigene Weisheit wieder, aber dadurch, daß er sie durch die Vermittlung eines anderen erhält, wird spiritueller Stolz niedergehalten.

Heruka – Das männliche Prinzip im tantrischen Symbolismus. Der Heruka ist der Partner im Tanz der *Dakini.* Die Übersetzung des tibetischen Wortes *tragthung* ist 'Bluttrinker'. Dieses Energieprinzip wird Bluttrinker genannt, weil es die Energie geschickt angewandter Mittel ist, solche, die die Situation mächtig und kreativ machen, solche, die das Blut der Anhaftung, des Zweifels und der Dualität trinken. Richtig angewandte Mittel stellen den aktiven Aspekt der Weisheit dar und sind spontan und genau richtig in jeder Situation.

Kagyüpa – Die Nachfolger der Übermittlungslinie des Mahamudra. Diese besondere Schule des tibetischen Buddhismus kennt man manchmal als Drupgyüd, die Tradition, welche die meditative Erfahrung in Praxis umsetzt, wobei sie dem Beispiel Milarepas folgt.

Karma – wird erzeugt aus dem Mißlingen, wahre Ichlosigkeit zu sehen. Es ist das Ergebnis des Teufelskreises der ständigen Suche nach Sicherheit. Diese läßt es nicht zu, mit einer erleuchteten Haltung zu arbeiten, um Kettenreaktionen zu verhindern. Es wirkt bis in die kleinsten Einzelheiten genau, und Körper und Geist sind auf Ursachen und Wirkungen von Karma bezogen. Solange diese selbstzerstörerische und neurotische Neigung bestehen bleibt, werden Ursache und Wirkung von Karma fortgesetzt. Andere Denkschulen glauben, daß die gesamte karmische Kraft vorherbestimmt ist. Es gibt ein Weltkarma, ein nationales, familiäres und individuelles Karma.

Leidenschaft oder Verlangen (passion) – ist insofern ansteckend, als sie dich, wenn du einmal die Quelle des Verlangens nicht beachtest, verbrennen oder vernichten wird; aber wenn du einmal erkannt hast, daß Leidenschaft ein weiteres Mittel der Kommunikation ist, dann wird sie grundsätzlich zu einem wichtigen Weg, dich selbst in Beziehung zu bringen zur Mutter Erde oder dem allumfassenden Schoß. Leidenschaft ist dadurch allumfassend, daß sie, wie Buddha sagt, sich in die Weisheit unterscheidender Bewußtheit verwandeln kann (*jñana*).

Mahamudra – Das große Symbol. Es ist eine der höchsten Meditationspraktiken, wo alle Erfahrungen umgewandelt werden in transzendentales Wissen und brauchbare Mittel. Aus der uranfänglichen Intelligenz und Energie, die dort entstehen, kommt großes Licht, so daß die Lebhaftigkeit der Erfahrungen zur Entfaltung des Mandala wird.

Mandala – Struktur oder Gruppe. Das tibetische Wort lautet *kgil khor*, was Zentrum und Peripherie bedeutet. Es ist die Einigung vieler umfangreicher Elemente in ein einziges durch die Erfahrung der Meditation. Es stellt den Prozeß dar, durch den scheinbares Chaos und Vielgestaltigkeit zu Mustern vereinfacht werden. Gewöhnlich stellt es sich dar als ein Diagramm mit einer zentralen Figur (eine Personifizierung des Buddhaprinzips), die von anderen Bestandteilen umgeben ist. Die Einfachheit des Zentrums wird erfahren als die grundlegende geistige Gesundheit der Buddhanatur. Obwohl die umgebenden Elemente im Chaos zu sein scheinen, entdeckt man mit der Weiterentwicklung der Meditation, daß auch sie auf das Zentrum bezogen sind. Es sind die verschiedenen Farben der Emotionen, die in die Erfahrung eines vereinigten Feldes umgewandelt werden.

Mantra – ist der Weg der Energieumwandlung durch Klang,

was durch Bewegung, Atmung und Sprache ausgedrückt wird. Es ist die Quintessenz verschiedener im Klang ausgedrückter Energien. Z.B. HUM ist die Ausrichtung auf ein Ziel und Durchdringung. Es ist falsch, das Mantra leichtfertig für irgendeinen Reiz der Sinne zu verwenden. Es ist vielmehr eine gerade nach vorn gerichtete Meditation unter der Führung eines Meisters.

Materialismus – die profitorientierte und wettbewerbseifrige Mentalität, die sogar auf 'spirituelle' Aktivitäten angewendet werden kann. Sie gründet auf dem neurotischen Bedürfnis nach Sicherheit und Ausdehnung des Ego-Hoheitsgebietes. Es ist die paranoide Furcht vor Verlust und Gier nach Besitz, die dazu neigt, die gesamte Psychologie des einzelnen zu durchdringen. Materialismus ist der 'gesunde' Weg zur Erlangung von Glück. Es ist nichts Schlechtes daran, aber durch den Prozeß der Suche nach Annehmlichkeiten geht das ursprüngliche Ziel verloren. Statt nach einfachem, ursprünglichem Glück beginnt der einzelne nach etwas Faßbarem zu greifen. Am Ende wundert er sich, daß die Suche nicht das ursprüngliche Ziel erreichte. Statt dessen sind Schock und Panik das Ergebnis.

Meditation – Es ist ein Weg, aus dem neurotischen und verwickelten Zustand des Ego herauszukommen. Sie ist weder Ehrerbietung noch ein Ritual. Und dennoch – ironischerweise – ist die Meditation der einzige Weg spiritueller Praxis. Durch die Transzendierung des alles in Frage stellenden Geistes bietet die Meditation eine enorme Situation freier Kommunikation. Sie ist ein Weg, schlicht zu sein – jenseits des dualistischen Netzwerks. Sie ist keine geistige Gymnastikübung.

Mitgefühl (compassion) – *Karuna* oder *Nying-je* (tibetisch) bedeutet edles Herz. Es kann nicht eher entwickelt werden, als bis der meditative Zustand durch *Anapanasatti* entdeckt ist. Einmal mit dem Prozeß dieses Seinszustandes befaßt, kann nur noch Wärme ausgestrahlt werden: es ist da etwas, das offen ist. In diesem Fall bedeutet *Anapanasatti*, sich wirklich bewußt zu sein über diese Beziehung zwischen Innen und Außen, Diesem und Jenem, was eine einfache Sichtweise von *Shunyata* sein könnte. Aber wenn ein offener, sorgloser Bewußtseinszustand entwickelt wird, sozusagen ein nicht-dualistischer, nicht auf Sicherheit ausgerichteter, dann erwächst das Verständnis von grundlegender Wärme. Man ist nicht mehr in die bewußte Freundlichkeit einer frommen und vorsichtigen Situation verstrickt. Man ist in der Lage, offen willkommen zu heißen, da kein eigenes Hoheitsgebiet mehr verteidigt werden muß. Je mehr andere willkommen geheißen werden, desto freier wird man. So wird man, je mehr man mit grundlegendem Mitgefühl ausgestattet ist, andere um so mehr willkommen heißen, ohne die auf den Gastgeber bezogenen Absichten, sie in die eigene Szene hineinbringen zu wollen.

Warnung: Verschluck dich nicht an frommem, dümmlichen Mitleid; überschaue mit grundlegender Intelligenz klar die Situation. Du solltest in der Lage sein, eher intuitiv mit der Situation umzugehen als so, wie es in den Büchern steht.

Mudra – Ein Symbol, im weiteren Sinne für Geste oder Handlung. Es ist die inspirierende Farbe der Erscheinungsformen. Es ist auch ein Symbol, das durch Hände ausgedrückt wird, um für andere und sich selbst die Eigenschaft verschiedener Momente der Meditation darzustellen, wie beispielsweise die Berührung der Erde mit der rechten Hand als Beweis für Buddhas Freisein von emotionaler und geistiger Leichtfertigkeit.

Paramitas – Die sechs Paramitas oder transzendentalen Handlungen sind Eigenschaften der Buddha-Aktivität. Wenn sie vollkommen ausgebildet werden, wird die Empfindung eines zentralisierten Ego transzendiert:

Dana – Freigebigkeit, Geben ohne Erwartungen, oder Sich-Öffnen, andere willkommen heißen. Anders ausgedrückt: es wird nicht der animalische Instinkt eines Hoheitsgebietes aufgebaut, sondern jeder kann "sich an mir bedienen". Wie es in den Bodhisattvaregeln gesagt wird, ist Willkommenheißen die erste Geste des Bodhisattva. Ohne dies könnte keine der anderen Tugenden praktiziert werden.

Shila – Sittlichkeit oder Disziplin. Die Freude über die Entdeckung oder das Erspähen des erwachten Geisteszustandes sollte nicht mißbraucht werden. Man darf keinen Augenblick von dessen Inspiration verpassen. Gleichermaßen muß man mit Hilfe der panoramahaften Bewußtheit Festigkeit und Genauigkeit der Einsicht und Kenntnis von Situationen entwickeln, so daß man sich der Führung des Bodhisattva als würdig erweist.

Kshanti – Nachsicht und Geduld; in dem Sinne, daß man die Situation überblickt und sieht, daß es richtig ist, Nachsicht zu üben und Geduld aufzubringen. Es ist Geduld mit Intelligenz, die nicht durch leichtfertige Situationen ausgeschaltet werden kann. Es ist Nachsicht, welche die Eingebung hat, weiterzumachen und die auf der *Dana-Paramita* oder der Vervollkommnung von Freigebigkeit beruht. In jede sich bietende Situation sollte man ohne Zögern hineingehen, anstatt im ethischen Sinne zu grübeln. Es ist eine Frage des wahrhaften Handelns, weder zugunsten des Ego, noch so, daß man sich selbst reinwäscht bei dem Versuch, eine gute Figur abzugeben. Es bedeutet, daß genug Raum gelassen wird, um den Standpunkt der anderen Person ohne den verzerrenden Filter des Ego zu sehen.

Virya – Wann immer jemand *Virya* praktiziert, findet er Freude damit, denn sie beruht nicht auf leidvollem Immer-weiter-Machen, sondern ist eine Art und Weise, das freudvolle Element zu sehen; man sieht, daß Energie nicht erzwungen werden muß, sondern daß sie sich spontan entwickelt. Dies tritt ein, wenn man die Dinge nicht als Pflicht im puritanischen oder religiösen Sinne betrachtet, sondern man tut sie, weil man schon die Verbindung zwischen dem Tun und dem eigenen Sein hergestellt hat.
Dhyana – Meditation oder Konzentration. Es bedeutet, aufmerksam zu sein mit dieser grundlegenden, panoramahaften Bewußtheit, die alle anderen *Paramitas* kennzeichnet. *Dhyana* ist das Mittel zur Selbstfestigung im Rahmen des Erkennens von Beziehungen, und dadurch sieht man, daß man es sich leisten kann, sich zu öffnen. Diese Offenheit und scharfe meditative Intelligenz führt einen dazu, sich mit der Jetztheit jeder neuen Situation auseinanderzusetzen.
Prajña – grundanfängliche Intelligenz. Sie ist der Schlüssel der Handlungen des Bodhisattva, durch die er mit den praktischen Einzelheiten von Erde und Raum umgeht. Er entwickelt einen solch scharfen und durchdringenden Sinn, daß er die festverankerte Ansicht von der Dualität zerschneiden und die Einfachheit sehen kann. *Prajña* ist jene Fähigkeit, die im spontanen Handeln mit Hilfe der anderen *Paramitas* mit solcher Genauigkeit zunimmt, daß das Rückenmark der Dualität zerschnitten wird.

Rechte Mittel (Skilful Means) – sind nicht allein auf den dem Ego zugeneigten gesunden Menschenverstand gegründet. Wenn man sich zum offenen Raum in Beziehung setzt, dann ist die Art und Weise, mit der man die Entfaltung der sichtbaren Erscheinungsformen wahrnimmt, farbenvoll und inspirierend, so daß man nicht zögern wird, sich mit der Situation auseinanderzusetzen. Man sieht nur die offene Situation, die Möglichkeit unbeeinflußter, richtiger Reaktion auf das Jetzt. Rechte Mittel sind das aktive männliche Prinzip auf dem weiblichen Grund von *Prajña.*

Reh – Symbol für Friede und Gewaltlosigkeit. Buddha erteilte seine ersten Lehren über die Vier Edlen Wahrheiten (die Lehre von *Dukha*) an einem Ort, der Rehpark genannt wurde. Das Reh symbolisiert unschädliche und friedvolle Intelligenz. Aber wenn von einem verwundeten Reh gesprochen wird, dann bedeutet dies, daß das Reh, obwohl harmlos und rein, von Negativem, aus Aggression entstanden, verwundet worden ist. Die unschuldige, rehgleiche Offenheit ist mißbraucht oder geschändet worden, so daß die grundlegende Einfachheit und Gewaltlosigkeit durch die aggressive und kriegerische Eigenschaft des Ego verletzt wurde. Das Reh von Sarnath spielt für uns, die wir so verstrickt sind in eine sehr materialistische Gesellschaft, eine bedeutende Rolle als Inspiration.

Reinkarnation – kann genauer beschrieben werden als Wiedergeburt, weil die Ansammlung von Gefühlen, Wahrnehmungen, Impulsen und Bewußtsein, welche die Bestandteile des sogenannten Geistes sind, nicht als einzelne Dinge überleben, sondern sich ständig verändern. Dieser Bewußtseinszustand gehört nicht ausschließlich zu menschlichen Wesen und wird nicht durch den physischen Körper bestimmt. Eine Wiedergeburt in andere Lebensformen ist möglich. Es ist eine natürliche karmische Kraft.

Siddhas – Große Yogis, welche die Erfahrung von Mahamudra erreicht haben (siehe Erläuterung zur verrückten Weisheit).

Vajra – Symbol der Unzerstörbarkeit. Man bezeichnet es auch als durchdringende Weisheit, die verfestigte Unwissenheit zerschneidet. Das tibetische Äquivalent *Dorje* bedeutet 'Edelstein'; er kann zerstören, was anscheinend unzerstörbar ist.

Vam – Keimsilbe der unzerstörbaren *Vajra*-Natur; steht auch für große Freude. Es ist das Prinzip des Sohnes oder jugendlichen Prinzen, die aktive Kraft des klaren Lichtes.

Verrückte Weisheit (crazy wisdom) – personifiziert als *Vidyadhara*, Vertreter des exakt vorgehenden Denkens. In diesem Fall ist das Wissen nicht unpersönlich und mißbräuchlich angewandt, sondern spielt eine mitfühlende Rolle; das ist die überragende Weisheit, frei vom Selbst und ohne das vernunftmäßige Vorgehen des buchstäblichen Denkens. Verrückte Weisheit ist wild; in der Tat stellt sie den ersten Versuch dar, die Dynamik der zehnten Stufe des Bodhisattva auszudrücken, mit nacktem Geist vorzugehen, ohne Beeinflussung, jenseits von Begriffsbildung. In diesem Zustand handelt man rein nach dem, was ist, mit den Kräften von Erde, Wasser, Feuer, Raum und Wind.

Wahrheit – ist das, was Fragen transzendiert. Wenn die Wahrheit nicht absolut ist, ist sie eine Lüge.

Alan W. Watts

ZEN

Tradition und lebendiger Weg

"Kein Autor hat uns bislang eine ähnlich prägnante und überzeugend geschriebene Einführung in den historischen Hintergrund dieser fernöstlichen Entwicklung buddhistischen Gedankengutes gegeben, als Alan Watts in dem vorliegenden, höchst lesenswerten Buch."

Joseph Campbell

256 Seiten, DM 24,80
ISBN 3-89385-200-X

Alan W. Watts

Offene Weite nichts von heilig

Die Zukunft der Ekstase und andere Essays

In der Abgeschiedenheit des Mount Tamalpais in Kalifornien formulierte Alan Watts seine Ein- und Ansichten, die im wesentlichen auf dem taoistischen Erkenntnisweg beruhen. Watts plädiert für eine sanfte Veränderung der westlichen Gesellschaft und ihrer Werte und beschreibt eine Sichtweise, die ebenso wesentlich wie originell ist. Wenn Watts über das "Spektrum .der Liebe", die "Realität der Reinkarnation", über Karma u.a. schreibt, kommt es ihm auf ein Begreifen an, das durch Mark und Bein geht.

160 Seiten, DM 19,80
ISBN 3-89385-201-8

Alan W. Watts

Was hält das Zeug

Beziehungen zwischen Mensch und Materie

Grundthema dieses Werkes von Alan Watts ist die Beziehung des Menschen zu seiner materiellen Umwelt. Er beschreibt das Mißverständnis zwischen Symbol und Wirklichkeit und die Vorliebe des westlichen Menschen, die Welt, wie er sie mißt und beschreibt, mit der richtigen Welt zu verwechseln, mit anderen Worten, die Speisekarte statt der Speisen zu verzehren. Ausschließlich auf Zahlen und Begriffe fixiert, entfremdet sich der Mensch zunehmend von der Natur und übersieht dabei seine völlige Abhängigkeit von einer intakten Natur und Umgebung.

128 Seiten, DM 19,80
ISBN 3-89385-202-6

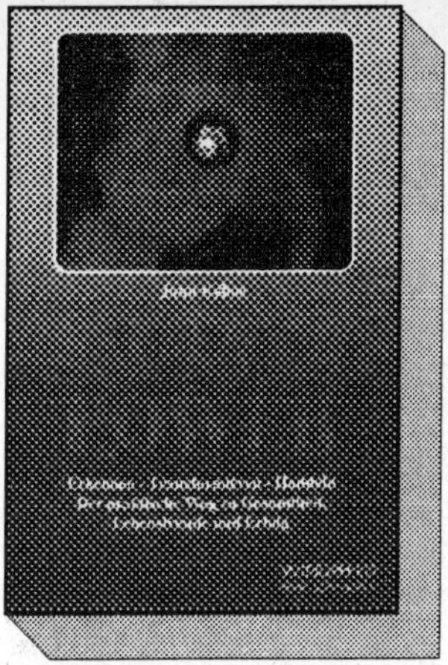

John Kehoe

MIND POWER

Der praktische Weg zu Gesundheit, Lebensfreude und Erfolg

Die Botschaft von Mind Power ist einfach aber wichtig: Agieren, nicht Reagieren; im Bewußtsein die Samen anlegen, aus denen eine heilsamere Wirklichkeit wachsen kann; aus gesunder Vorstellung gestalten - im eigenen Dasein, in der Partnerschaft, in allen menschlichen Beziehungen. Es ist kein Buch über positives Denken, sondern ein Buch über die Kraft des Denkens, die wir zu unserem Schaden, aber auch zu unserem Glück einsetzen können.
Dieses Buch gibt uns das Werkzeug dazu in die Hand.

160 Seiten, DM 16,80
ISBN 3-89385-051-1

Angelika Hoefler

Namen-das ausgesprochene Geheimnis

Neue Systeme zur Entschlüsselung der spirituellen Bedeutung unseres Namens. Ein Arbeitsbuch, mit dem Sie Ihr Karma erkennen können.

Jahrtausendealter Überlieferung zufolge entspricht jeder Buchstabe unseres Namens einer Zahl, und jede Zahl wiederum birgt eine verschlüsselte Information - das tiefe Geheimnis um das Karma des Menschen. Angelika Hoefler hat während fast 10jähriger Forschung und Experi-Mentalarbeit den alten Schlüssel zu dieser Domäne ausgefeilt und erschließt uns damit Systeme, die weit über bisher mögliches Erkennen hinaus den Sinn unseres Lebens in seinen karmischen Sequenzen freilegt.

256 Seiten, DM 24,80
ISBN 3-89385-032-5

A. Schillings/ P. Hinterthür

Qi Gong - Der fliegende Kranich

Die selbstheilende Kraft meditativer Bewegungsübungen für Körper, Seele und Geist

Die jahrtausendealte Tradition des Qi Gong erlebt heute eine Renaissance. Die verbreitetste, hier vorgestellte Form, ist "Der fliegende Kranich". Er ist Symbol für langes Leben, seine Bewegungen sind ruhig und kraftvoll, dynamisch, gelassen, leicht, natürlich. Mit den präzisen Beschreibungen der Figuren können wir den "Fliegenden Kranich" erlernen, das "Qi" verstehen. Mit über 200 Fotos.

288 Seiten, DM 24,80
ISBN 3-89385-033-3

Ernst Schäfer

Über den Himalaya ins Land der Götter

Tibetexpedition in den dreißiger Jahren von Indien nach Lhasa, in die "verbotene Stadt"

Dieser Expeditionsbericht beschreibt den Aufbruch nach Asien, die Fahrt durch Indien, fliehend vor dem Monsun, bis endlich das ersehnte Ziel Tibet erreicht ist. Die detaillierten Beschreibungen von Natur und Landschaft, die einfühlsamen Beobachtungen der Bevölkerung und der einheimischen Flora und Fauna vermitteln ein eindrucksvolles Bild der Lebensumstände im Himalaya. Die Erlebnisse und Abenteuer der Expeditionsteilnehmer verdeutlichen den Gegensatz westlicher Kultur zu im Buddhismus verwurzelter asiatischer Tradition.
238 S., mit vielen Fotos,
DM 39,80, ISBN 3-89385-036-8

Ernst Schäfer

Das Fest der weißen Schleier

Begegnungen mit Menschen, Mönchen und Magiern in Tibet

Mit sprachlich faszinierender Bildhaftigkeit schildert Ernst Schäfer hier seine Expedition, die ihn als allerersten offiziellen Gast in die "verbotene Stadt" Lhasa führte. Er durfte dort am Neujahrsfest der Tibeter teilnehmen, das in dieser traditionellen Form schon seit den 50er Jahren nicht mehr zelebriert werden konnte. Daher ist Ernst Schäfers Bericht auch ein historisches Dokument, daß die Kultur und religiöse Tradition auf dem Dach der Welt noch einmal beschwört.

216 Seiten, mit vielen Fotos,
DM 38,00, ISBN 3-89385-034-1

M. Tisserand/ M. Jünemann

Zauber und Kraft aus Lavendel

Die Geheimnisse des Lavendel

Die Sprache des Duftes ist universell, und tausendfache Möglichkeiten bieten sich dem, der sich in der Kunst seiner subtilen Anwendung versteht. Ätherisches Lavendelöl gehört seit Jahrhunderten zu den beliebtesten Düften. In diesem Buch/ Set werden seine Geheimnisse preisgegeben: alte Überlieferungen, beste Sorten und Anbaugebiete, seine Verwendung in der Volksheilkunde, Aromatherapie und Medizin, praktische Tips, die bewährtesten Rezepte und vieles mehr.

Buch: 128 Seiten, DM 16,80
ISBN 3-89385-054-6
Set: Buch und Lavendelöl (10 ml) in Kassette DM 24,80
ISBN 3-89385-053-8

S. Sharamon / B. J. Baginski

Das Chakra-Handbuch

Vom grundlegenden Verständnis zur praktischen Anwendung

Dieses Buch bietet eine umfassende Anleitung zur Harmonisierung unserer feinstofflichen Energiezentren. Das Wissen um die Chakren vermittelt uns tiefe Einsichten über die Wirksamkeit der subtilen Kräfte im menschlichen Organismus. Zur praktischen Chakra-Arbeit beschreibt das Buch präzise eine Fülle von Möglichkeiten: die Anwendung von Klängen, Farben, Edelsteinen, Mantren und Düften mit ihren spezifischen Wirkungen auf die einzelnen Energiezentren, ergänzt durch verschiedene Meditationen, Körperübungen, Atemübungen,Naturerfahrungen
256 Seiten, DM 19,80
ISBN 3-89385-038-4